PETITS CLASSIQUES

LAROUSSE

Collection fondée par Félix Guirand, Agrégé des Lettres

Bérénice

RACINE

tragédie

Édition présentée,
annotée et commentée
par
Dominique Rabaud-Gouillart
Ancienne élève de l'E.N.S de Sèvres
Agrégée de Lettres classiques

www.petitsclassiques.com

SOMMAIRE

Avant d'aborder le texte

Bérénice
RACINE

Comment lire l'œuvre

Avant d'aborder le texte

Bérénice

Genre : tragédie en vers.

Auteur : Jean Racine (1639-1699).

Structure : cinq actes.

Principaux personnages : Titus, nouvel empereur de Rome, qui vient de succéder à son père, Vespasien ; Bérénice, reine juive et maîtresse de Titus depuis cinq ans ; Antiochus, roi de Comagène, amoureux en secret de Bérénice.

Première représentation : le 21 novembre 1670, à l'Hôtel de Bourgogne, avec un succès immédiat. La pièce a donc été créée dans un théâtre parisien, et non à la cour. Le 28 novembre, la troupe de Molière créait *Tite et Bérénice*, de Corneille ; les deux auteurs, comme les deux troupes, étaient farouchement rivaux,

Buste de Bérénice.
Bronze provenant d'Herculanum.
Musée archéologique, Naples.

et Molière faisait partie du clan de Corneille. Racine fut servi à la fois par la supériorité de sa pièce, même si la pièce de Corneille était de qualité, et par la supériorité de ses interprètes : la Champmeslé était merveilleusement douée pour moduler les vers poétiques de Racine et pour faire pleurer le public.

Qu'est-ce qu'une tragédie ? À l'époque classique, une tragédie est une pièce de théâtre sérieuse en vers, composée de cinq actes, comportant une exposition, un nœud, des péripéties et un dénouement, généralement fatal. Les auteurs classiques se reportent aux analyses que le philosophe grec Aristote a consignées dans sa *Poétique* : la tragédie repose pour lui sur plusieurs éléments dont les deux plus importants sont l'intérêt de l'action et la force des caractères. Aristote a également inspiré la théorie classique de la « catharsis », purification ou purgation des passions : selon le philosophe grec, « la tragédie effectue par la crainte et la pitié la catharsis de ces affections ». Cela signifie que la tragédie, par mimétisme avec les personnages, nous fait éprouver crainte et pitié, et nous en libère. Les théoriciens classiques ont interprété différemment cette théorie, revue à la faveur de la compassion chrétienne : pour eux, la catharsis consiste à nous libérer de toutes les passions mauvaises ou excessives, comme la passion amoureuse dévorante, la luxure, la colère ou l'orgueil. Il y a donc une interprétation moralisante de la théorie, qui ne figurait pas chez Aristote. La tragédie classique repose également sur la règle des trois unités, qui réclame pour la pièce une seule action, en un seul lieu et en un seul jour. La tragédie est un genre noble et fait donc intervenir des personnages hors du commun. L'issue de la tragédie est généralement fatale, mais, comme le remarque justement Corneille : « Ce n'est point une nécessité qu'il y ait du sang et des morts dans une tragédie. » Le tragique résulte en effet du caractère inéluctable de la situation imposée aux personnages : c'est ainsi que Bérénice ne meurt pas à la fin de la pièce, mais se voit contrainte d'accepter ce qui est pour elle pire que la mort, à savoir la séparation d'avec Titus.

JEAN
RACINE
(1639-1699)

L'écolier pauvre de Port-Royal

1639

Naissance de Jean Racine à La Ferté-Milon, où son père, petit notable local, est contrôleur du grenier à sel.

1641

Mort de sa mère (le 28 janvier).

1643

Mort de son père (le 6 février). Il est recueilli par son grand-père Jean Racine. L'orphelin pauvre qu'est le jeune Racine sera toujours soutenu par l'un des membres de sa nombreuse famille.

1649

Mort du grand-père. Sa grand-mère Marie Desmoulins va rejoindre à Port-Royal des Champs sa fille Agnès, qui y est religieuse ; elle y emmène le jeune Racine, qui y reçoit gratuitement l'éducation des célèbres maîtres des Petites Écoles de Port-Royal.

1653-1655

Deux années d'études au collège de Beauvais, à Paris ; ce collège est lié à la cause janséniste défendue par Port-Royal.

1655-1658

Retour à Port-Royal. Racine commence à écrire sur des sujets poétiques et religieux.

Premiers pas dans le monde
1658-1659

Classe de philosophie au collège d'Harcourt. Ses cousins Vitart l'introduisent dans le monde.

1660

Ode en l'honneur du mariage du roi, *La Nymphe de la Seine*, qui lui rapporte une gratification de 100 livres. Racine brûle de se faire connaître. Sa première pièce, *Amasie*, est refusée par le théâtre du Marais. Il se détache de l'esprit de Port-Royal.

1661

Déçu par son échec théâtral, il part en novembre pour Uzès, dans le midi de la France, où il espère que son oncle, le chanoine Sconin, lui fera obtenir un bénéfice ecclésiastique, c'est-à-dire une charge religieuse pourvue de revenus financiers. Vêtu de l'habit noir de rigueur, il se plonge dans la théologie… et les poètes profanes grecs et latins.

Racine auteur dramatique
1663

Le bénéfice ne venant pas, Racine rentre à Paris. Il écrit deux odes, dont l'une lui vaudra une gratification royale. Sa grand-mère meurt ; il rompt avec Port-Royal, mais se lie avec Boileau. Il devient auteur de théâtre et mène une vie dissolue.

1664

20 juin : *La Thébaïde*, par la troupe de Molière ; succès médiocre.

1665

4 décembre : *Alexandre* ; accueil favorable du public. La troupe de Molière interprétait la pièce, quand Racine, mécontent des acteurs, la lui retire pour la donner aux acteurs de l'Hôtel de Bourgogne : c'est un très mauvais coup pour Molière et le début d'une longue brouille. Liaison avec la comédienne Marie-Thérèse du Parc, dite Marquise du Parc.

1666

Polémique contre Port-Royal. Racine s'est cru attaqué par les *Visionnaires* de son ancien maître, Nicole, et lui répond par deux *Lettres* cinglantes.

1667

17 novembre : *Andromaque* ; grand succès. La rivalité avec Corneille devient manifeste, et *Andromaque* est beaucoup plus appréciée qu'*Attila* de Corneille.

1668

Les Plaideurs, comédie ; succès médiocre. Mort de la Du Parc. Moments difficiles pour Racine, attaqué par les clans de Corneille et de Molière. Subligny compose *La Folle Querelle*, comédie interprétée par Molière et qui se moque de Racine.

1669

13 décembre : accueil très réservé pour *Britannicus*.

1670

21 novembre : *Bérénice*, interprétée par l'admirable comédienne qu'est la Champmeslé (alors maîtresse de Racine), connaît un vif succès, qui l'emporte nettement sur la pièce rivale de Corneille, *Tite et Bérénice*.

1672

Janvier : *Bajazet* ; succès.

1673

Janvier : *Mithridate* ; grand succès politique, le roi est transporté. Réception à l'Académie française le 12 janvier.

1674

18 août : *Iphigénie* ; grand succès de larmes. Une *Iphigénie* composée par Leclerc et Coras tente vainement de concurrencer la pièce de Racine. *Suréna*, de Corneille, tombe rapidement. Mort de la fille que Racine a eue avec la Du Parc.

1676

Édition collective de ses œuvres, avec révision des textes et des préfaces.

1677

1ᵉʳ janvier : *Phèdre* ; vif succès, mais une cabale fait tomber la pièce. Les vieux cornéliens et les ennemis de Racine se rassemblent autour de la duchesse de Bouillon, nièce de Mazarin ; ayant eu une liaison avec son neveu, le jeune Philippe de Vendôme, la duchesse s'était sentie visée par le sujet de *Phèdre* ; inspirée par ce clan, la *Phèdre et Hippolyte* de Pradon l'emporte artificiellement sur la tragédie de Racine.

Retour à la piété et réconciliation avec Port-Royal

1677

Rupture avec le monde du théâtre. Le 30 mai, Racine épouse Catherine de Romanet dont il aura sept enfants. Il est nommé à l'automne historiographe du roi, en même temps que Boileau ; cette fonction prestigieuse consiste à raconter les faits et gestes de Louis XIV, et n'est pas compatible avec la vie d'auteur dramatique. Racine est socialement comblé.

1679

Réconciliation avec les jansénistes. Dans l'affaire des Poisons, qui met en cause de hauts personnages, Racine est soupçonné d'avoir, neuf ans plus tôt, empoisonné sa maîtresse, la Du Parc ; il est rapidement mis hors de cause.

1680

La réconciliation avec Port-Royal est d'autant plus évidente que Racine revient à une foi religieuse plus ardente.

1687

Deuxième édition collective de ses œuvres. Pendant toutes ces dernières années, Racine a continué, malgré tout, à s'intéresser au théâtre.

1689

Représentation, à l'école de Saint-Cyr, d'*Esther*, tragédie biblique et édifiante.

1690

Racine est nommé gentilhomme ordinaire du roi.

Racine faisant la lecture à Louis XIV. *Gravure de Charon (né en 1783) d'après Bouchot. B.N. Paris.*
Cette représentation idéalise les relations de Racine et du roi. À l'époque, en effet, l'usage du fauteuil était réservé au souverain. Lorsque Racine faisait la lecture à Louis XIV, il était sans doute debout ou sur un tabouret, et le roi, couché sur son lit.

1691

La dernière pièce de Racine, *Athalie*, est seulement répétée à Saint-Cyr.

1693

Racine, qui s'efforce d'aider le retour en grâce des jansénistes, commence à rédiger en secret un *Abrégé de l'histoire de Port-Royal*, ainsi que des poésies chrétiennes.

1697

Troisième édition collective de ses œuvres.

1699

Malade depuis 1698, il meurt le 21 avril à Paris. Son testament atteste sa fidélité à Port-Royal : « Je désire qu'après ma mort mon corps soit porté à Port-Royal des Champs, et qu'il soit inhumé dans le cimetière, aux pieds de la fosse de M. Hamon. » Ces vœux seront exaucés.

Le cadre historique et politique

Un roi jeune et autoritaire

Né en 1638, Louis XIV était devenu roi en 1643, avait été sacré à Reims en 1654, mais le pouvoir réel était exercé par Mazarin et Anne d'Autriche. En mars 1661, Mazarin meurt, et le jeune Louis XIV manifeste immédiatement le désir d'entrer en politique en exerçant lui-même le pouvoir. Le discours qu'il tient au chancelier Séguier est extrêmement clair : « ... Jusqu'à présent, j'ai bien voulu laisser gouverner mes affaires par feu M. le Cardinal ; il est temps que je les gouverne moi-même. » La manifestation symbolique de sa nouvelle autorité apparaît dans l'affaire Fouquet. Surintendant des Finances, celui-ci apportait au roi tout son crédit auprès des milieux financiers, mais Louis XIV ne put supporter la tutelle financière et politique exercée par Fouquet sur l'État. La jalousie intervint sans doute aussi, quand Fouquet invita Louis XIV à des fêtes somptueuses dans son château de Vaux-le-Vicomte en août 1661. Le 5 septembre 1661, Fouquet est arrêté, puis condamné en 1664. Il passera le reste de sa vie dans la forteresse de Pignerol (possession française en Italie du Nord).

Pour affirmer son pouvoir, Louis XIV va s'entourer de conseils efficaces : Conseil d'en haut, Conseil des dépêches, Conseil royal des finances, Conseil du commerce, etc. Dans ces conseils, les nobles perdent de leur importance et sont remplacés par des hommes énergiques, comme Colbert aux finances, au commerce et à la marine, ou Michel Le Tellier et son fils Louvois à la guerre. De véritables dynasties issues de milieux modestes vont seconder Louis XIV dans ses efforts pour moderniser la France.

Une cour joyeuse

On imagine toujours Louis XIV entouré d'une cour immense installée au château de Versailles. Mais, à l'époque de *Bérénice*, Versailles n'a rien à voir avec le Versailles de marbre blanc construit quinze ans plus tard par Jules Hardouin-Mansart. Le Versailles des années 1660 est de proportions beaucoup plus réduites et se limite aux bâtiments massés autour de la cour de Marbre, qui est toujours la cour d'entrée : ce château bleu-blanc-rouge (ardoises du toit, pierre et briques), reconstruit par l'architecte Le Vau pour amplifier les bâtiments initiaux de Louis XIII, ne pouvait abriter qu'une cour fort réduite, qui se déplaçait souvent, du Louvre à Versailles, aux Tuileries ou à Saint-Germain-en-Laye.

Dans cette cour, la vie est très joyeuse. Le roi est entouré de jeunes nobles avec lesquels il prétend s'amuser. C'est l'époque où Molière et Lulli régalent la cour de spectacles de théâtre et de musique : nombre de ces spectacles sont donnés dans la cour de Marbre de Versailles. Le roi est également entouré de favorites, qui lui donnent des enfants en même temps que la reine Marie-Thérèse, contrainte de supporter la situation : Melle de La Vallière a dix-sept ans, lorsqu'elle fait la connaissance de Louis XIV en 1661 ; elle est blonde et ravissante, et lui donnera quatre enfants ; ce sera ensuite le tour de la marquise de Montespan, qui deviendra la maîtresse de Louis XIV en 1667 et lui donnera huit enfants ; elle sera discréditée en 1679 lors de l'affaire des Poisons.

Succès militaires en début de règne

Bérénice a été écrite dans une période de paix, entre la guerre de Dévolution et la guerre de Hollande, qui furent toutes les deux victorieuses. Il s'agissait pour Louis XIV de remplir plusieurs objectifs : se désenclaver de l'étau exercé par l'Espagne sur plusieurs des frontières de la France, lutter contre la Hollande, dont le commerce maritime florissant pouvait entraver les efforts des Français pour constituer un commerce national, et agrandir les frontières.

La guerre de Dévolution, qui opposait la France à l'Espagne au sujet de la question de la succession du roi d'Espagne (la France appuyait ses revendications sur le droit de « dévolution », une vieille coutume du Brabant), éclata en 1667. Les succès militaires des Français, dirigés dans ce qui est aujourd'hui la Belgique et le nord de la France par Louis XIV, Turenne et Vauban, et en Franche-Comté par Condé, furent rapides. Le traité d'Aix-la-Chapelle, signé en mai 1668, accroissait très largement les positions françaises dans le nord. Ces guerres victorieuses permettront à Louis XIV de s'affirmer comme l'arbitre de l'Europe.

Les dix premières années du règne de Louis XIV sont donc des années brillantes, marquées par la gloire et la jeunesse du nouveau Roi-Soleil.

Troupes de théâtre et acteurs au XVIIᵉ siècle

L'Hôtel de Bourgogne

L'association médiévale des « Confrères de la Passion » détenait au XVIᵉ siècle le monopole des représentations théâtrales à Paris et s'était installée dans une partie de l'Hôtel de Bourgogne, où l'on avait aménagé une salle de spectacle. En 1548, l'interdiction de jouer des mystères et des pièces religieuses contraint l'association à louer sa salle à des troupes de comédiens.

Au début du XVIIᵉ siècle, l'Hôtel de Bourgogne est occupé par une troupe qui prend le titre de « Comédiens du roi ». Dans les années 1627-1629, diverses fusions parviennent à créer une troupe de premier ordre qui interprète les œuvres de Rotrou et de Mairet. À partir de 1644 (année de la création de *Rodogune*), Corneille fait jouer ses pièces à l'Hôtel de Bourgogne, qui a le vent en poupe.

La salle est rectangulaire, la scène exiguë ; dans l'espace central (le parterre), la foule assiste debout au spectacle ; les spectateurs fortunés peuvent parfois s'asseoir sur la scène même, à droite et à gauche. Cette dernière est éclairée par des chandelles, remplacées entre chaque acte, et qui présentent véritablement un danger pour le théâtre. Les décors simultanés hérités du Moyen Âge font place peu à peu au décor unique correspondant à l'unité de lieu. Les costumes sont souvent d'un luxe extraordinaire et sont fixés conventionnellement : ainsi le costume « à la romaine » est-il constitué essentiellement d'un chapeau à plume et d'une cuirasse.

Les acteurs

Les acteurs les plus connus sont Montfleury (1600-1667) et Floridor (1608-1671). Ce dernier prend en 1647 la direction de l'Hôtel de Bourgogne, succédant ainsi à Bellerose (1600-1670). Floridor est très aimé du public, qui l'applaudit dans les rôles de Pyrrhus (*Andromaque*) et de Titus (*Bérénice*), mais ne supporte pas de le voir jouer le rôle du « méchant » Néron. Montfleury est un gros homme au souffle puissant et à la diction emphatique, dont la voix transporte le public. Selon ses contemporains, il mourut d'avoir interprété le rôle d'Oreste (*Andromaque*) avec trop d'emportement.

En 1670, la Champmeslé (1642-1698) entre avec son mari à l'Hôtel de Bourgogne. Merveilleusement douée pour la déclamation, elle interprète avec succès les rôles de Bérénice et d'Iphigénie. Pourvue d'un mari complaisant, elle a de multiples liaisons, notamment avec le fils de Mme de Sévigné et avec Racine de 1670 à l'hiver 1675-1676.

Le théâtre du Marais

En 1634, le comédien Montdory (1594-1651) s'installe avec sa troupe dans un jeu de paume du Marais. Le théâtre sera reconstruit après l'incendie de 1644 et, son aménagement perfectionné : au lieu de l'espace rectangulaire initial, une salle à l'italienne sera installée, avec un amphithéâtre en gradins, des loges, et une scène plus vaste.

Jusqu'en 1643, Corneille est l'auteur attitré de la troupe, qui représente toutes ses pièces, de *Mélite* (saison 1629-1630) au *Menteur* (saison 1643-1644), en passant par *L'Illusion comique* (saison 1635-1636), où Montdory joue le rôle de Clindor, et par *Le Cid* (1637), où il interprète Rodrigue. Quand Montdory est frappé de paralysie, c'est Floridor qui lui succède pour quelques années. Mais le départ de Corneille, qui, à partir de 1644, fait jouer ses pièces par la troupe concurrente (l'Hôtel de Bourgogne), entame le déclin du théâtre, qui se spécialisera ensuite dans les pièces à machines.

La troupe de Molière

En 1658 apparaît à Paris une nouvelle troupe : celle de Molière, qui, après treize ans de pérégrinations provinciales (1645-1658), se fixe à Paris, d'abord au Petit-Bourbon (1658-1660), puis au Palais-Royal (1661-1673). Soutenu par le frère du roi, puis par le roi lui-même, Molière s'impose peu à peu, non sans connaître de graves difficultés, notamment quand *Le Tartuffe* est interdit. La troupe joue, naturellement, les comédies de Molière, mais aussi des tragédies de l'époque, comme *La Thébaïde* et *Alexandre* de Racine (1664). La représentation de cette dernière pièce est l'occasion de la brouille entre les deux auteurs (voir p. 9). Molière se rapprochera ensuite de Corneille, dont il jouera notamment *Attila* au printemps 1667.

La Du Parc

D'origine italienne et née à Lyon, Marie-Thérèse Gorle (1633-1668), dite Marquise, épouse en 1653 René Berthelot, dit Du Parc. Ce dernier joue le Gros-René dans la troupe de Molière. Lorsque celle-ci passe à Rouen en 1658, la Du Parc est très admirée par les frères Corneille, et l'auteur du *Cid* lui envoie des vers tendres (les *Stances à Marquise*).

Pourvue d'une cour d'adorateurs, elle joue un jeu subtil avec Molière. Après la mort de son mari (1664), elle est une veuve très entourée. C'est peut-être pendant les représentations de *La Thébaïde* qu'elle fait la connaissance de Racine. À la fin de 1665, celui-ci a 26 ans ; Marquise en a 32 et elle est déjà mère de trois enfants. De sa liaison avec elle, Racine aura une fille (née au cours de l'hiver 1666-1667), qui mourra à l'âge de 8 ans pendant les représentations d'*Iphigénie*.

En mars 1667, pressée par Racine, qui s'est brouillé avec Molière, elle passe à l'Hôtel de Bourgogne, où elle est, en novembre 1667, l'admirable interprète d'Andromaque. Sa mort brutale, le 11 décembre 1668, frappe les imaginations. À la fin de 1679, l'affaire des Poisons éclate et Racine est accusé d'avoir assassiné sa maîtresse. Les poursuites lancées contre lui sont très vite arrêtées. En fait, il est probable que la Du Parc est morte d'avoir absorbé des drogues destinées à empêcher la naissance d'un nouvel enfant.

Bouleversements dans le monde du théâtre

La mort de Molière, le 17 février 1673, entraîne une série de bouleversements dans le monde théâtral. Après une suite de départs et de fusions, deux troupes restent en lice :
– l'Hôtel de Bourgogne, où sont passés des transfuges de la troupe de Molière (Baron, La Thorillère, les Beauval), qui apportent un nouvel esprit peu favorable à Racine ;
– l'Hôtel Guénégaud, provenant de la fusion de l'ancienne troupe de Molière et des meilleurs éléments du Marais. En 1679, la Champmeslé rejoindra ce théâtre.
Après la mort de La Thorillère (1680), une fusion générale regroupe les deux troupes pour former la Comédie-Française (octobre 1680).

Des goûts nouveaux

En 1673, la salle du Palais-Royal est donnée à Lulli, que le roi avait fini par préférer à Molière. Le public est en effet pris d'un engouement irrésistible pour l'opéra. Auteur à la mode, Quinault évrit des livrets pour Lulli, et Thomas Corneille crée une pièce à machines pour Marc-Antoine Charpentier, qui la met en musique.
Quand la cabale de *Phèdre* éclate (1677), le monde théâtral a changé de visage : Corneille a donné en 1674 sa dernière pièce, *Suréna*, et Racine cesse d'écrire des pièces profanes ; les troupes de théâtre sont remaniées ; le public réclame de l'opéra et des machines.
En marge du répertoire classique, le théâtre des Italiens est animé par Scaramouche (1608-1694) ; les acteurs improvisaient sur un canevas, selon les principes de la commedia dell'arte. Ce type de théâtre eut une influence certaine sur Molière dès sa jeunesse. Bien que les Comédiens Italiens aient été chassés de Paris en 1697, ils seront remplacés en 1716 par la troupe de Luigi Riccoboni, qui connaîtra de grands succès en interprétant notamment les pièces de Marivaux.

Le mouvement janséniste

Port-Royal

L'abbaye cistercienne de Port-Royal fut fondée en 1204 dans la vallée de Chevreuse, au sud de Paris ; elle était prévue pour abriter une douzaine de religieuses. Elle fut réformée dans le sens d'une plus grande austérité par Angélique Arnauld au tout début du XVIIe siècle. En 1625, l'abbaye, devenue trop étroite, se dédoubla en Port-Royal des Champs et en Port-Royal de Paris. Animée en grande partie par les nombreux membres de la famille Arnauld, elle devint un centre spirituel et religieux très actif, attirant de nombreux « solitaires », laïcs qui venaient s'y retirer loin du monde pour se consacrer à la méditation, à la prière et à l'enseignement.

Le jansénisme

Port-Royal prit le parti des idées exposées dans l'*Augustinus*, livre de théologie de l'évêque flamand Cornelius Jansen, publié en 1640, deux ans après la mort de son auteur. S'inspirant de saint Augustin, celui-ci affirmait que la liberté humaine est limitée face à la toute-puissance de Dieu. Dès 1653, le pape avait condamné cinq propositions extraites de l'*Augustinus*. En France, les idées jansénistes furent défendues en particulier par Antoine Arnauld, dit le Grand Arnauld, qui, dans son traité *De la fréquente communion*, niait l'existence des « cinq propositions » dans l'*Augustinus*. La polémique devint rapidement très vive, dans un contexte qui faisait également intervenir les jésuites. C'est alors que Pascal, qui, à la suite de la nuit du 23 novembre où il avait eu une extase mystique, s'était retiré à Port-Royal, fut invité à défendre la cause janséniste : il le fit avec les *Provinciales*, qui parurent en 1656 et en 1657. En 1660, Les *Provinciales* furent condamnées à être brûlées de la main du bourreau, Louis XIV s'étant rallié au parti anti-janséniste. En 1661, les ecclésiastiques furent contraints de signer un formulaire condamnant les cinq propositions. Certaines religieuses de Port-Royal s'y refusèrent, sous la direction de leur mère supérieure, la mère Agnès

Arnauld, et furent dispersées par la police, tandis que la plupart signèrent, suivant les conseils d'Arnauld et de Nicole, partisans de la soumission. Pascal se montra particulièrement intransigeant, mais, malade, il mourut en 1662. La plupart des jansénistes se soumirent provisoirement, et un compromis fut signé en 1668. La question janséniste devait cependant subsister pendant plusieurs dizaines d'années.

Racine et Port-Royal

Racine fut très marqué par le mouvement janséniste. Il fit en effet ses études à Port-Royal, où il fut éduqué gratuitement (Racine était un orphelin pauvre) par des maîtres exceptionnels. Lancelot lui apprit à lire les auteurs tragiques grecs dans le texte, Sophocle et Euripide notamment. Nicole lui inculqua une remarquable culture latine : les historiens Tacite et Suétone, par exemple, qui inspireront les sujets de *Britannicus* et de *Bérénice*. Antoine Le Maître, naguère avocat célèbre, et neveu des mères Angélique et Agnès Arnauld, enseigna au jeune Racine une rhétorique dont il se souviendra dans les monologues de ses héros tragiques. M. Hamon, enfin, après la mort d'Antoine Le Maître, aura une grande influence sur le jeune homme.

Quand Racine voudra faire carrière dans le monde et au théâtre, il rompra avec ses anciens maîtres, de façon assez brutale. Lorsque plus tard il quittera le théâtre, il reviendra peu à peu à une foi plus profonde et renouera avec ses anciens protecteurs. Cependant, on ne saurait nier l'influence de la pensée janséniste dans le théâtre de Racine, conforté dans l'idée que l'homme est un être faible, luttant sans espoir contre une destinée qui l'écrase. Même si la fatalité racinienne n'est pas uniquement, comme on l'a dit trop hâtivement, une soumission inéluctable à une volonté divine implacable, et si la fatalité prend bien plus souvent la forme des passions que l'être humain est incapable de maîtriser, il demeure que la vision pessimiste que Racine a de la nature humaine, accablée sous le poids de forces qui l'écrasent, a pu lui être inspirée en partie par le jansénisme.

Vie	Œuvres
1639 Le 22 décembre : naissance de Jean Racine à La Ferté-Milon.	
1641 Mort de sa mère.	
1643 Mort de son père. Racine, orphelin pauvre, est recueilli par ses grands-parents.	
1649-1658 Élève à Port-Royal (avec intermède de deux ans au collège de Beauvais).	
1658 Une année au collège d'Harcourt. **1659** Débuts mondains.	

ÉVÉNEMENTS CULTURELS ET ARTISTIQUES	ÉVÉNEMENTS HISTORIQUES ET POLITIQUES
1636-1637 *Le Cid*, tragédie de Corneille. *Le Discours de la méthode*, de Descartes.	
	1638 Naissance de Louis XIV.
1640 *Horace*, de Corneille. *L'Augustinus*, de Jansénius. Mort de Rubens. **1641** *Cinna*, de Corneille. **1642** *Polyeucte*, de Corneille. **1643** Découverte du baromètre par Torricelli. **1647** *Nouvelles Expériences touchant le vide*, de Pascal.	
	1649-1652 Guerre civile de la Fronde. Le pouvoir royal est menacé, puis rétabli par Anne d'Autriche et Mazarin. **1653** Le pape condamne les « cinq propositions » tirées de l'*Augustinus* de Jansénius. Fouquet est surintendant des Finances.
1655 Pascal se retire à Port-Royal. **1656** Les *Provinciales*, de Pascal. **1658** Retour de Molière à Paris. **1659** Retour de Corneille au théâtre avec *Œdipe*, après huit ans de silence. *Les Précieuses ridicules*, de Molière.	**1659** Traité des Pyrénées avec l'Espagne : fin d'une guerre qui durait depuis 1635 ; la France acquiert l'Artois et le Roussillon.

VIE	ŒUVRES
	1660 *La Nymphe de la Seine* : ode en l'honneur du mariage du roi, qui lui vaut une gratification de 100 livres.
1661-1663 Séjour à Uzès pour obtenir un bénéfice ecclésiastique. Échec.	
	1663 Diverses odes : *Sur la convalescence du roi* ; *La Renommée aux Muses*.
1664-1677 Racine auteur dramatique. Liaisons avec la Du Parc, puis avec la Champmeslé, qui interprètent ses œuvres.	**1664** 20 juin : *La Thébaïde*, tragédie. Succès médiocre. **1665** 4 décembre : *Alexandre,* tragédie ; succès.
	1667 17 novembre : *Andromaque*, tragédie ; grand succès. **1668** Novembre : *Les Plaideurs*, comédie ; accueil médiocre.
	1669 13 décembre : *Britannicus*, tragédie ; accueil médiocre. **1670** 21 novembre : *Bérénice*, tragédie ; succès, mais cabale contre la pièce.

ÉVÉNEMENTS CULTURELS ET ARTISTIQUES	ÉVÉNEMENTS HISTORIQUES ET POLITIQUES
1659-1670 Grands sermons de Bossuet.	
	1660 Mariage de Louis XIV avec l'infante d'Espagne Marie-Thérèse.
	1661 Mort de Mazarin. Début du règne personnel de Louis XIV. Arrestation de Fouquet.
1662 *Sertorius*, tragédie de Corneille ; *L'École des femmes*, comédie de Molière.	
1665 *Dom Juan*, de Molière. Mort du peintre Poussin. **1666** *Le Misanthrope*, de Molière. *Satires* (l. I-VI), de Boileau.	
1668 *Amphitryon*, *L'Avare*, de Molière. *Fables* (l. I-VI), de La Fontaine (recueil suivant en 1671).	**1668** Fin de la guerre de Dévolution (1665-1668), menée en Flandre et en Franche-Comté contre l'Espagne, avec le traité d'Aix-la-Chapelle, qui consacre l'annexion de onze villes de Flandre.
1669 *Le Tartuffe*, de Molière.	
1670 *Le Bourgeois gentilhomme*, de Molière. *Tite et Bérénice*, de Corneille. Loi des gaz de Mariotte. Édition des *Pensées* de Pascal.	

VIE	ŒUVRES
	1672 Janvier : *Bajazet*, tragédie ; succès.
	1673 Janvier : *Mithridate*, tragédie ; grand succès ; le roi est charmé. **1674** 18 août : *Iphigénie*, tragédie : grand succès de larmes. **1676** 1re édition collective de ses œuvres.
1677 Nommé, avec Boileau, historiographe du roi. Mariage (il aura ensuite sept enfants). Il abandonne le monde du théâtre. Ses ambitions deviennent mondaines (à la cour) et privées (famille, piété).	**1677** 1er janvier : *Phèdre*, tragédie ; une cabale fait tomber la pièce.
1680 Retour à une foi profonde ; réconciliation avec Port-Royal.	
	1684 *Idylle sur la paix*.
	1687 *Hymnes*, poésies religieuses. 2e édition collective de ses œuvres.

ÉVÉNEMENTS CULTURELS ET ARTISTIQUES	ÉVÉNEMENTS HISTORIQUES ET POLITIQUES
1672 *Les Femmes savantes*, de Molière.	**1672-1679** Guerre de Hollande, pendant laquelle la France affronte une coalition européenne. Avec le traité de Nimègue (1678), la France reçoit la Franche-Comté, et Louis XIV devient l'arbitre de l'Europe.
1673 *Le Malade imaginaire*, de Molière. Mort de Molière. **1674** *Suréna*, dernière pièce de Corneille. *Art poétique*, de Boileau. **1677** *Éthique*, de Spinoza. Newton et Leibniz font progresser les méthodes de calcul. **1678** *La Princesse de Clèves*, de Mme de Lafayette.	
	1683 Mort de Marie-Thérèse. Louis XIV est de plus en plus proche de Mme de Maintenon, qu'il finit par épouser secrètement. **1685** Révocation de l'édit de Nantes. **1686-1697** Guerre de la ligue d'Augsbourg. Le traité de Ryswick (1697) marque l'arrêt de la puissance française.
1687-1694 Querelle des Anciens et des Modernes ; Racine est du côté des Anciens.	

Vie	Œuvres
	1689 *Esther*, tragédie biblique.
1690 Nommé gentilhomme ordinaire du roi.	
	1691 *Athalie*, tragédie biblique. **1693-1699** L'*Abrégé de Port-Royal* est rédigé en secret. **1694** *Quatre Cantiques spirituels.* **1697** Dernière édition de ses œuvres.
1698 Malade. **1699** Le 21 avril : mort, à Paris ; il est enterré à Port-Royal.	

ÉVÉNEMENTS CULTURELS ET ARTISTIQUES	ÉVÉNEMENTS HISTORIQUES ET POLITIQUES
1688 Premiers *Caractères* de La Bruyère.	
1699 *Télémaque*, de Fénelon.	

GENÈSE
DE L'ŒUVRE

Les conditions de création de *Bérénice*

Pourquoi Racine s'est-il intéressé au sujet de *Bérénice* ? Les raisons en sont sans doute multiples. Cette pièce peut, par certains aspects, être perçue comme une sorte de continuation de *Britannicus*. Mais la question essentielle est de savoir si la pièce fut, ou non, une œuvre de commande. Dans sa *Vie de Corneille*, en effet, Fontenelle (1657-1757), écrivain et neveu de Corneille, livre l'anecdote suivante : « *Bérénice* fut un duel dont tout le monde sait l'histoire. Une princesse, fort touchée des choses de l'esprit et qui eût pu les mettre à la mode dans un pays barbare, eut besoin de beaucoup d'adresse pour faire trouver les deux combattants sur le champ de bataille sans qu'ils sussent où on les menait. » Fontenelle ajoutait en note que la « princesse » en question était Henriette d'Angleterre, l'épouse du frère de Louis XIV. Quant aux deux « combattants », ce sont naturellement Corneille et Racine.

Un sujet traité sur commande ?

L'hypothèse d'une commande officielle qui aurait fait concourir les deux poètes est séduisante. Tout les opposait en effet à cette époque ; il pouvait sembler piquant de les mettre en lice sur un sujet qui paraissait cornélien par excellence : le triomphe de la raison d'État sur la passion. Le public de l'époque semble avoir particulièrement goûté ce genre de compétition, qui se répétera avec *Iphigénie*, concurrencée par celle de Leclerc et Coras, et *Phèdre*, à laquelle Pradon opposera *Phèdre et Hippolyte*.

L'hypothèse de la double commande d'Henriette d'Angleterre peut cependant être mise en doute. Ses activités diplomatiques intenses et sa mort brutale, le 30 juin 1670, ne lui laissèrent peut-être pas le temps de s'intéresser activement à ces querelles littéraires. Quoi qu'il en soit, au moment où Racine réclamait dans la préface de *Britannicus* une « action simple, chargée de peu de matière », cette même pièce n'avait été qu'un succès très médiocre. Corneille pouvait croire venu le moment d'imposer de nouveau sa propre conception de la tragédie, où sont exaltées les vertus héroïques faisant triompher la politique et la gloire sur la passion, au prix de nombreuses péripéties qui font rebondir l'action.

Selon Louis Racine et l'abbé du Bos, qui se réfèrent au témoignage de Boileau, Henriette d'Angleterre aurait bien suggéré le sujet de *Bérénice* à Racine, qui lui avait déjà dédié *Andromaque*, et c'est Corneille qui aurait pris l'initiative de défier Racine sur un terrain qui lui était familier.

Titus et Louis XIV

Le sujet de la *Bérénice* de Racine avait tout pour plaire au pouvoir royal. L'éclat de l'Empire romain sous Titus pouvait évoquer celui du règne de Louis XIV après la paix d'Aix-la-Chapelle (1668). Le personnage de Titus lui-même, sa majesté, sa générosité, ses amours n'étaient pas sans rappeler Louis XIV. Quant au renvoi de Bérénice par Titus, il pouvait faire allusion à la rupture entre le jeune Louis XIV et Marie Mancini, la nièce de Mazarin. Les deux jeunes gens s'étaient rencontrés en 1654 et étaient tombés amoureux l'un de l'autre deux ans plus tard. Mais un mariage politique est imposé à Louis XIV en 1659 : il doit épouser l'infante d'Espagne. Le jeune Louis résiste d'abord, puis finit par céder aux objurgations de sa mère et de Mazarin réunis, dans l'intérêt de l'État. Marie s'exila à Brouage, en Charente-Maritime, lieu choisi par le cardinal. Au moment de son départ, le roi fondit en larmes, et Marie lui dit : « Sire, vous êtes roi, et vous pleurez » (l'anecdote est rapportée par plusieurs témoins, avec de légères variantes). Ce genre de « clé » était propre à enchanter le public de l'époque.

Un succès de larmes

La pièce de Corneille *(Tite et Bérénice)* connut un succès moyen, puisqu'elle fut jouée une vingtaine de fois, mais le public réserva un accueil plus enthousiaste à la *Bérénice* de Racine, qui fut un véritable succès de larmes. Cependant, les adversaires de Racine ne désarmaient pas et se sentaient encouragés par deux lettres publiées par l'abbé Montfaucon de Villars qui reprochaient au dramaturge ses infidélités à l'histoire, l'insuffisance de l'action et la faiblesse des personnages. C'est à ces lettres que Racine répondra dans sa préface, avec une ironie mordante. Le même abbé de Villars publiera peu de temps après une critique de *Tite et Bérénice* qui renvoyait dos à dos les deux auteurs…

Les sources

Les personnages principaux évoqués dans *Bérénice* sont des figures historiques citées par les historiens antiques. Racine avait une connaissance directe de ces auteurs, qu'il pouvait lire dans le texte original, puisque ses maîtres Lancelot et Nicole lui avaient appris le grec et le latin. Les principaux écrits qui ont pu inspirer l'auteur de *Bérénice* sont les biographies de Vespasien et de Titus par Suétone (historien latin, v. 69-v. 126 apr. J.-C.), les *Antiquités judaïques* et la *Guerre des Juifs* (en grec) de Flavius Josèphe (historien d'origine juive, 37-100 apr. J.-C.) et enfin les *Histoires* du grand historien latin Tacite (55-120 apr. J.-C.) où sont décrits les bouleversements politiques qui ont agité Rome en 69-70 apr. J.-C.

Le contexte historique

Les *Antiquités judaïques*, en particulier, exposent le contexte historique sur lequel Racine s'est appuyé pour situer son action : présence et rôle des procurateurs en Judée, frontières des royaumes sous dépendance romaine fixées et modifiées par Rome (comme celui d'Agrippa, père de Bérénice, et celui d'Antiochus de Comagène, père d'Épiphane, nom sous lequel apparaît généralement l'Antiochus de Racine). Flavius Josèphe évoque aussi les alliances successives – politiques, souvent – contractées par Bérénice et sa sœur Drusilla, et mentionne le mariage de celle-ci avec Félix, procurateur romain de Judée (Racine reprend ce fait dans les vers 405 à 408).

Il [l'empereur Claude] priva Antiochus du royaume qu'il détenait, mais le gratifia d'une partie de la Cilicie et de la Comagène. Il libéra aussi Alexandre l'alabarque, un de ses vieux amis, qui avait veillé sur sa mère Antonia et qui avait été emprisonné par Caius [Caligula] dans un accès de colère. Le fils d'Alexandre épousa Bérénice, la fille d'Agrippa. Après la mort de Marcus, le fils d'Alexandre, qui était son premier mari, Agrippa la donna à son propre frère Hérode après avoir demandé à Claude de lui donner le royaume de Chalcis.

(XIX, 276)

Le roi Agrippa termina donc sa vie de cette manière ; il laissait derrière lui un fils nommé Agrippa qui avait 17 ans, et trois filles dont l'une, Bérénice, âgée de 16 ans, était mariée à Hérode, le frère de son père, et deux autres, non mariées, Mariammè et Drusilla, âgées respectivement de 10 et 6 ans.

Elles avaient été promises en mariage par leur père, Mariammè à Julius Archelaos fils d'Helkias, et Drusilla à Épiphane, le fils d'Antiochus, le roi de Comagène.

(XIX, 354-355)

Malheureuse et souhaitant fuir la haine de sa sœur Bérénice qui lui faisait beaucoup de tort en raison de sa beauté, Drusilla se laissa persuader de transgresser les coutumes ancestrales et d'épouser Félix. Elle eut de lui un fils qu'elle appela Agrippa.

(XX, 141-142)

Après la mort d'Hérode qui avait été son mari et son oncle, Bérénice resta longtemps veuve. Mais comme le bruit courait qu'elle avait une liaison avec son frère, elle persuada Polémon, qui était roi de Cilicie, de recevoir la circoncision et de l'épouser ; elle pensait ainsi éliminer les accusations mensongères.

(XX, 143)

Flavius Josèphe, *Antiquités judaïques*,
traduction inédite de Dominique Rabaud-Gouillart, 1991.

Bérénice et l'histoire
Bérénice a été présentée par les historiens de son temps

comme une reine courageuse, mais aussi intransigeante et sachant jouer de son charme.

À ce moment, le roi Agrippa s'était rendu à Alexandrie afin de féliciter Alexandre, honoré de la confiance de Néron et envoyé gouverner l'Égypte.

Quant à sa sœur Bérénice, qui se trouvait à Jérusalem, et qui voyait les exactions des soldats, elle en ressentit une terrible émotion, et souvent elle envoya ses chefs de cavalerie et gardes du corps à Florus pour lui demander de faire cesser le massacre.

Flavius Josèphe, *Guerre des Juifs* (II, 309-310),
traduction inédite de Dominique Rabaud-Gouillart, 1991.

Avant les ides de juillet, la Syrie dans son ensemble prêta aussi serment. Adhérèrent à Vespasien des rois avec leurs sujets : Sohaemus, dont les forces n'étaient pas à dédaigner, Antiochus, que d'antiques richesses rendaient puissant, car c'était le plus opulent des rois asservis. Averti secrètement par les messages de ses amis, Agrippa avait quitté sa résidence de Rome à l'insu de Vitellius et avait hâté son retour par mer. Avec un égal empressement, la reine Bérénice servait le parti : elle était dans la fleur de l'âge comme de la beauté et le vieux Vespasien, lui aussi, lui trouvait des charmes à cause de la magnificence de ses présents.

Tacite, *Histoires* (II, 81), Les Belles Lettres,
traduction d'Henri Goelzer, 1938.

« La valeur de Titus »

Suétone, qui rappelle que Titus était surnommé « l'amour et les délices du genre humain », le dépeint comme un homme doué de toutes les qualités.

Dès son enfance, brillèrent en lui les qualités du corps et de l'esprit, qui se développèrent de plus en plus avec le progrès de l'âge : une beauté incomparable faite de majesté non moins que de grâce, une vigueur extrême, malgré sa petite taille et son ventre un peu trop proéminent, une mémoire extraordinaire, des dispositions presque pour tous les arts militaires et civils. Il était très habile à manier les armes et les chevaux, capable, soit en latin soit en grec, de faire un discours ou de composer des vers avec une facilité qui allait jusqu'à l'improvisation ; la musique elle-même ne lui était pas étrangère, car il chantait et jouait de la lyre d'une façon agréable et suivant les règles de l'art. Je tiens de plusieurs personnes qu'il avait aussi l'habitude de sténographier avec une extrême vitesse, car il s'amusait à concourir avec ses secrétaires, et d'imiter toutes les écritures qu'il voyait, ce qui lui faisait dire souvent « qu'il aurait pu être un excellent faussaire ».

Suétone, *Divus Titus* (III), Les Belles Lettres,
traduction d'Henri Aillond, 1931.

Titus et Bérénice : une « passion fameuse »
Si les historiens antiques se sont montrés assez prolixes sur la vie de Titus (et notamment sur sa jeunesse dissolue, aspect dont Racine a su tirer parti, par exemple dans les vers 506 à 508), ils n'ont fourni que relativement peu de détails sur ses relations avec Bérénice.

Son âme était ainsi ballottée entre l'espoir et la crainte, quand l'espoir l'emporta. Plusieurs auteurs ont cru que sa flamme pour la reine Bérénice détermina son retour en Orient ; il est vrai que son cœur de jeune homme ne le laissait pas indifférent à Bérénice, mais son activité politique n'était pas entravée de ce fait : il passa sa jeunesse à goûter aux voluptés, plus retenu sous son principat que pendant celui de son père. Titus côtoya donc les provinces d'Achaïe et d'Asie et, laissant à gauche la mer qui les baigne, vers Rhodes et Chypre d'abord, vers la Syrie ensuite, il cinglait par des routes plus hardies. Mais à Chypre il fut pris du désir d'aller voir le temple de la Vénus de Paphos, célèbre par l'affluence des indigènes et des étrangers.

Tacite, *Histoires* (II, 2), Les Belles Lettres,
traduction d'Henri Goelzer, 1938.

Outre sa cruauté, on appréhendait encore son intempérance, parce qu'il se livrait avec les plus prodigues de ses amis à des orgies qui duraient jusqu'au milieu de la nuit ; et non moins son libertinage, à cause de ses troupes de mignons et d'eunuques, et de sa passion fameuse pour la reine Bérénice, à laquelle, disait-on, il avait même promis le mariage ; on appréhendait sa rapacité, parce qu'il était notoire qu'il avait coutume de vendre la justice et de s'assurer des profits dans les affaires jugées par son père ; enfin, tous le considéraient et le représentaient ouvertement comme un autre Néron. Mais cette mauvaise renommée tourna à son avantage et fit place aux plus grands éloges, quand on ne découvrit en lui aucun vice et, tout au contraire, les plus rares vertus. Il se mit à donner des festins agréables plutôt que dispendieux. Il sut choisir des amis auxquels ses successeurs eux-mêmes accordèrent toute leur confiance et leur faveur, jugeant qu'ils leur étaient indispensables, aussi bien qu'à l'État. Quant à Bérénice, il la renvoya aussitôt loin de Rome, malgré lui et malgré elle.

Suétone, *Divus Titus* (VII), Les Belles Letres, traduction d'Henri Aillond, 1931.

Les exploits d'Antiochus
Le courage, sinon la témérité, d'Antiochus (évoqué par Arsace aux vers 100 à 114) durant le siège de Jérusalem (70 apr. J.-C.) est attesté par Flavius Josèphe qui relate avec précision cet épisode de la guerre contre la Judée.

Alors parut Antiochus Épiphane avec de nombreux hoplites et, autour de lui, une troupe dite « macédonienne », tous du même âge, de haute taille, depuis peu sortis de l'adolescence, armés et élevés à la macédonienne, d'où leur surnom.
Les circonstances voulaient en effet que le roi de Comagène ait été le plus heureux des rois sujets des Romains avant de tâter des revers ; mais il fit voir lui aussi pendant sa vieillesse qu'il ne faut traiter personne de bienheureux avant sa mort.
Cependant, alors qu'il était dans toute sa puissance, son fils qui était là dit son étonnement de voir les Romains hésiter à attaquer le rempart. Or c'était un valeureux guerrier, hardi par nature et doué d'une telle force que ses coups d'audace échouaient rarement.
Comme Titus avait souri et dit que « le champ de la guerre était accessible à tous », Antiochus s'élança comme il était avec les Macédoniens contre le mur. Lui-même, grâce à sa force et son entraînement, il se gardait des traits des Juifs et leur en décochait,

mais les jeunes soldats qui étaient avec lui furent tous brisés, sauf exception, car, par respect pour leur promesse, ils rivalisaient d'ardeur au combat.

Et, pour finir, ils reculèrent, blessés pour la plupart, méditant que, même pour de vrais Macédoniens, s'ils voulaient vaincre, il fallait la chance d'Alexandre.

Flavius Josèphe, *Guerre des Juifs* (v. 460 à 465),
traduction inédite de Dominique Rabaud-Gouillart, 1991.

Texte et variantes

Bérénice fut représentée pour la première fois le 21 novembre 1670. L'édition originale de la pièce date de 1671. Celle-ci fut réimprimée du vivant de Racine dans les éditions collectives de 1676, 1687 et 1697. Les corrections les plus importantes apportées par Racine datent de l'édition de 1676. À cette époque, Racine écrit toujours des tragédies profanes.

Le texte publié dans ce « Petit Classique » est celui de l'édition de 1697. Les variantes introduites témoignent d'un enrichissement significatif du texte (renforcement des sentiments, des émotions, recherche de sonorités). Comme le fait remarquer R. Picard dans son édition de la Pléiade (voir p. 212) : « Racine a, dans *Bérénice*, spécialement recherché une fluidité poétique extrême. On le voit dans de nombreuses variantes. Il a supprimé des interjections qui faisaient un arrêt et un heurt dans le vers. Par exemple, il a remplacé "Hé bien, entrerons-nous ?", par "Arsace, entrerons-nous ?". »

Par ailleurs, par souci de vraisemblance, Racine a remplacé, dans la bouche de Bérénice, princesse juive et donc monothéiste, les allusions aux « dieux » par des références au « ciel ».

Le texte de la présente édition adopte une orthographe moderne ; la ponctuation, quant à elle, souvent négligée et fantaisiste dans les éditions anciennes, a également été adaptée aux usages modernes.

Jean Racine.

Bérénice

RACINE

tragédie

Représentée pour la première fois
le 21 novembre 1670

Épître dédicatoire[1]
à Monseigneur Colbert[2]

Secrétaire d'État, Contrôleur général des Finances, Surintendant des Bâtiments, Grand trésorier des ordres du roi, Marquis de Seignelay, etc.

MONSEIGNEUR,

Quelque juste défiance que j'aie de moi-même et de mes ouvrages, j'ose espérer que vous ne condamnerez pas la liberté que je prends de vous dédier cette tragédie. Vous ne l'avez pas jugée tout à fait indigne de votre approbation.
5 Mais ce qui fait son plus grand mérite auprès de vous, c'est, Monseigneur, que vous avez été témoin du bonheur qu'elle a eu de ne pas déplaire à Sa Majesté.

L'on sait que les moindres choses vous deviennent considérables[3], pour peu qu'elles puissent servir à sa gloire ou à
10 son plaisir ; et c'est ce qui fait qu'au milieu de tant d'importantes occupations, où[4] le zèle de[5] votre prince et le bien public vous tiennent continuellement attaché, vous ne dédai-

---

1. **Épître dédicatoire** : lettre placée en tête d'un ouvrage pour le dédier à quelqu'un.
2. Un an auparavant, *Britannicus* avait été dédié au duc de Chevreuse, le gendre de Colbert. Racine ose maintenant s'adresser à Colbert lui-même, qui lui accorde depuis 1665 des pensions substantielles.
3. **Considérables** : dignes d'être considérées.
4. **Où** : auxquelles.
5. **De** : pour (sens objectif, latinisme).

Jean-Baptiste Colbert (1619-1683).
Peinture anonyme du XVIIᵉ siècle.
Château de Sceaux.

gnez pas quelquefois de descendre jusqu'à nous[1], pour nous demander compte de notre loisir[2].

15 J'aurais ici une belle occasion de m'étendre sur vos louanges, si vous me permettiez de vous louer. Et que ne dirais-je point de tant de rares qualités qui vous ont attiré l'admiration de toute la France ; de cette pénétration à laquelle rien n'échappe ; de cet esprit vaste qui embrasse, qui
20 exécute tout à la fois tant de grandes choses ; de cette âme que rien n'étonne[3], que rien ne fatigue !

Mais, Monseigneur, il faut être plus retenu[4] à vous parler de vous-même ; et je craindrais de m'exposer, par un éloge importun, à vous faire repentir de l'attention favorable dont
25 vous m'avez honoré ; il vaut mieux que je songe à la mériter par quelques nouveaux ouvrages : aussi bien c'est le plus agréable remerciement qu'on vous puisse faire. Je suis avec un profond respect,

Monseigneur,

30 Votre très humble et très obéissant serviteur,

Racine.

---

1. **Nous :** les hommes de lettres et les artistes, protégés par Colbert.
2. **Nous demander... loisir :** vous intéresser aux travaux que nous menons.
3. **Étonne :** stupéfie (sens fort).
4. **Être plus retenu :** se modérer.

PRÉFACE[1]

Titus reginam Berenicen, cui etiam nuptias pollicitus ferebatur, statim ab Urbe dimisit invitus invitam.

C'est-à-dire que « Titus, qui aimait passionnément Bérénice, et qui même, à ce qu'on croyait, lui avait promis de l'épouser, la renvoya de Rome, malgré lui et malgré elle, dès les premiers jours de son empire[2] ». Cette action est très fameuse dans l'histoire ; et je l'ai trouvée très propre pour le théâtre, par la violence des passions qu'elle y pouvait exciter. En effet nous n'avons rien de plus touchant dans tous les poètes que la séparation d'Énée et de Didon, dans Virgile[3]. Et qui doute que ce qui a pu fournir assez de matière pour tout un chant d'un poème héroïque, où l'action dure plusieurs jours, ne puisse suffire pour le sujet d'une tragédie, dont la durée ne doit être que de quelques heures ? Il est vrai que je n'ai point poussé Bérénice jusqu'à se tuer, comme Didon, parce que Bérénice n'ayant pas ici avec Titus les derniers engagements que Didon avait avec Énée, elle n'est pas obligée, comme elle, de renoncer à la vie. À cela près, le dernier adieu qu'elle a dit à Titus, et l'effort qu'elle se fait[4] pour s'en séparer n'est pas le moins tragique[5] de la pièce ; et j'ose dire qu'il renouvelle assez bien dans le cœur des spectateurs l'émotion que le reste y avait pu exciter. Ce n'est point une nécessité qu'il y ait du sang et des morts dans une tragédie : il suffit que

---

1. Cette préface a été écrite en 1671.
2. La traduction de Racine est une belle infidèle ; voici ce que dit exactement l'historien Suétone (v. 69-v. 126 apr. J.-C.) : « Quant à la reine Bérénice, à qui, disait-on, il avait promis le mariage, Titus la renvoya aussitôt de Rome malgré lui, malgré elle. »
3. Allusion au chant IV de *L'Énéide* du poète latin Virgile (70-19 av. J.-C.).
4. **L'effort qu'elle se fait** : l'effort qu'elle fait sur elle-même.
5. **Le moins tragique** : ce qu'il y a de moins tragique.

l'action en soit grande, que les acteurs[1] en soient héroïques,
25 que les passions y soient excitées, et que tout s'y ressente de
cette tristesse majestueuse qui fait tout le plaisir de la
tragédie.

Je crus que je pourrais rencontrer toutes ces parties[2] dans
mon sujet ; mais ce qui m'en plut davantage, c'est que je le
30 trouvai extrêmement simple. Il y avait longtemps que je voulais essayer si je pourrais faire une tragédie avec cette simplicité d'action qui a été si fort du goût des Anciens. Car c'est
un des premiers préceptes qu'ils nous ont laissés : « Que ce
que vous ferez, dit Horace[3], soit toujours simple et ne soit
35 qu'un. » Ils ont admiré l'*Ajax* de Sophocle[4], qui n'est autre
chose qu'Ajax qui se tue de regret, à cause de la fureur[5] où
il était tombé après le refus qu'on lui avait fait des armes
d'Achille. Ils ont admiré le *Philoctète*, dont tout le sujet est
Ulysse qui vient pour surprendre les flèches d'Hercule.
40 L'*Œdipe* même, quoique tout plein de reconnaissances[6], est
moins chargé de matière que la plus simple tragédie de nos
jours. Nous voyons enfin que les partisans de Térence[7], qui
l'élèvent avec raison au-dessus de tous les poètes comiques,
pour l'élégance de sa diction[8] et pour la vraisemblance de
45 ses mœurs[9], ne laissent pas de[10] confesser que Plaute a un
grand avantage sur lui par la simplicité qui est dans la plupart
des sujets de Plaute ; et c'est sans doute cette simplicité mer-

---

1. **Acteurs** : personnages, dans la langue classique (du XVIIᵉ siècle).
2. **Toutes ces parties** : tous ces éléments.
3. **Horace** : poète latin (65-8 av. J.-C.). Voir l'*Art poétique*, vers 23.
4. **Sophocle** : auteur tragique grec (495-406 av. J.-C.). *Ajax, Philoctète, Œdipe roi* sont parmi ses meilleures pièces.
5. **Fureur** : folie.
6. **Quoique... reconnaissances** : où Œdipe reconnaît pourtant peu à peu quelles sont ses origines.
7. **Térence** : auteur comique latin (190-159 av. J.-C.), dont les comédies étaient plus raffinées que celles de Plaute (254-184 av. J.-C.).
8. **Diction** : Racine la définit dans les *Annotations d'Aristote* comme la « composition des vers ».
9. **Mœurs** : caractères.
10. **Ne laissent pas de** : n'arrêtent pas de.

veilleuse qui a attiré à ce dernier toutes les louanges que les Anciens lui ont données. Combien Ménandre[1] était-il encore
50 plus simple, puisque Térence est obligé de prendre deux comédies de ce poète pour en faire une des siennes.

Et il ne faut point croire que cette règle ne soit fondée que sur la fantaisie de ceux qui l'ont faite : il n'y a que le vraisemblable qui touche dans la tragédie, et quelle vraisem-
55 blance y a-t-il qu'il arrive en un jour une multitude de choses qui pourraient à peine arriver en plusieurs semaines ? Il y en a qui pensent que cette simplicité est une marque de peu d'invention. Ils ne songent pas qu'au contraire toute l'invention consiste à faire quelque chose de rien, et que tout ce
60 grand nombre d'incidents a toujours été le refuge des poètes qui ne sentaient dans leur génie ni assez d'abondance ni assez de force pour attacher durant cinq actes leurs spectateurs par une action simple, soutenue de la violence des passions, de la beauté des sentiments et de l'élégance de l'expression. Je
65 suis bien éloigné de croire que toutes ces choses se rencontrent dans mon ouvrage ; mais aussi je ne puis croire que le public me sache mauvais gré de lui avoir donné une tragédie qui a été honorée de tant de larmes, et dont la trentième représentation a été aussi suivie que la première.

70 Ce n'est pas que quelques personnes[2] ne m'aient reproché cette même simplicité que j'avais recherchée avec tant de soin. Ils ont cru qu'une tragédie qui était si peu chargée d'intrigues ne pouvait être selon les règles du théâtre. Je m'informai s'ils se plaignaient qu'elle les eût ennuyés. On me dit qu'ils
75 avouaient tous qu'elle n'ennuyait point, qu'elle les touchait même en plusieurs endroits, et qu'ils la verraient encore avec

---

1. **Ménandre** : poète comique grec (342-292 av. J.-C.). Plaute et Térence se sont largement inspirés de ses pièces. Ils ont souvent fondu en une seule œuvre deux pièces de Ménandre (procédé dit de la « contamination »).
2. **Quelques personnes** : le clan cornélien et l'abbé Montfaucon de Villars en particulier, qui avait publié deux lettres sur *Bérénice* dans lesquelles il reprochait à la pièce l'insuffisance de l'action. (Racine réplique de plus en plus violemment aux critiques de ses adversaires.)

plaisir. Que veulent-ils davantage ? Je les conjure d'avoir assez bonne opinion d'eux-mêmes pour ne pas croire qu'une pièce qui les touche et qui leur donne du plaisir puisse être
80 absolument contre les règles. La principale règle est de plaire et de toucher[1], toutes les autres ne sont faites que pour parvenir à cette première. Mais toutes ces règles sont d'un long détail, dont je ne leur conseille pas de s'embarrasser : ils ont des occupations plus importantes. Qu'ils se reposent sur
85 nous[2] de la fatigue d'éclaircir les difficultés de la *Poétique* d'Aristote[3] ; qu'ils se réservent le plaisir de pleurer et d'être attendris ; et qu'ils me permettent de leur dire ce qu'un musicien disait à Philippe, roi de Macédoine, qui prétendait qu'une chanson n'était pas selon les règles : « À Dieu ne
90 plaise, seigneur, que vous soyez jamais si malheureux que de savoir ces choses-là mieux que moi[4] ! »

Voilà tout ce que j'ai à dire à ces personnes à qui je me ferai toujours gloire de plaire ; car, pour le libelle[5] que l'on a fait contre moi, je crois que les lecteurs me dispenseront
95 volontiers d'y répondre. Et que répondrais-je à un homme qui ne pense rien et qui ne sait pas même construire ce qu'il pense ? Il parle de protase[6] comme s'il entendait[7] ce mot, et veut que cette première des quatre parties de la tragédie soit toujours la plus proche de la dernière, qui est la catastrophe.
100 Il se plaint que la trop grande connaissance des règles l'empêche de se divertir à la comédie. Certainement, si l'on en

---

1. C'est également ce que dit Molière dans *La Critique de l'École des femmes* (sc. 6). Paradoxalement, Molière et Racine étaient brouillés à l'époque.
2. **Sur nous :** sur nous, les auteurs.
3. **Aristote :** philosophe grec (384-322 av. J.-C.) qui développe, dans la *Poétique,* l'idée que la tragédie doit « purger » les émotions de l'âme en suscitant la crainte et la pitié.
4. Anecdote rapportée par Plutarque, auteur grec (50-125 apr. J.-C.).
5. **Libelle :** court écrit plus ou moins médisant (voir note 2 p. 45).
6. **Protase :** exposition du sujet. Les « quatre parties » évoquées ensuite sont donc : la protase, l'épitase (le nœud de l'action), la catastase (péripétie), la catastrophe (dénouement).
7. **Entendait :** comprenait.

juge par sa dissertation, il n'y eut jamais de plainte plus mal
fondée. Il paraît bien qu'il n'a jamais lu Sophocle, qu'il loue
très injustement d' « une grande multiplicité d'incidents[1] »
105 et qu'il n'a même jamais rien lu de la *Poétique* que dans
quelques préfaces de tragédies. Mais je lui pardonne de ne
pas savoir les règles du théâtre, puisque, heureusement pour
le public, il ne s'applique pas à ce genre d'écrire. Ce que je
ne lui pardonne pas, c'est de savoir si peu les règles de la
110 bonne plaisanterie, lui qui ne veut pas dire un mot sans plai-
santer. Croit-il réjouir beaucoup les honnêtes gens par ces
« hélas de poche[2] », ces « mesdemoiselles mes règles[3] », et
quantité d'autres basses affectations qu'il trouvera condamnées dans tous les bons auteurs, s'il se mêle jamais de les
115 lire ?

Toutes ces critiques sont le partage de quatre ou cinq petits
auteurs infortunés qui n'ont jamais pu par eux-mêmes exciter
la curiosité du public. Ils attendent toujours l'occasion de
quelque ouvrage qui réussisse, pour l'attaquer, non point par
120 jalousie, car sur quel fondement seraient-ils jaloux ? mais
dans l'espérance qu'on se donnera la peine de leur répondre,
et qu'on les tirera de l'obscurité où leurs propres ouvrages
les auraient laissés toute leur vie.

---

1. Villars louait chez Sophocle « le soin de conserver l'unité de l'action dans
la multiplicité des incidents ».
2. « **Hélas de poche** » : selon Villars, Antiochus « a toujours un "toutefois"
et un "hélas !" de poche [en poche] pour amuser le théâtre ».
3. « *Mesdemoiselles mes règles* » : autre remarque de Villars, « J'ai laissé
mesdemoiselles les règles à la porte, j'ai vu la comédie, je l'ai trouvée fort
affligeante [triste], et j'y ai pleuré comme un ignorant ».

Personnages

Titus	*empereur de Rome.*
Bérénice	*reine de Palestine.*
Antiochus	*roi de Comagène.*
Paulin	*confident de Titus.*
Arsace	*confident d'Antiochus.*
Phénice	*confidente de Bérénice.*
Rutile	*Romain.*

Suite de Titus.

La scène est à Rome, dans un cabinet qui est entre l'appartement de Titus et celui de Bérénice.

ACTE PREMIER

SCÈNE PREMIÈRE. ANTIOCHUS, ARSACE.

ANTIOCHUS

Arrêtons un moment. La pompe[1] de ces lieux,
Je le vois bien, Arsace, est nouvelle à tes yeux.
Souvent ce cabinet superbe et solitaire
Des secrets de Titus est le dépositaire[2].
5 C'est ici quelquefois qu'il se cache à sa cour,
Lorsqu'il vient à la reine expliquer[3] son amour.
De son appartement cette porte est prochaine,
Et cette autre conduit dans celui de la reine.
Va chez elle : dis-lui qu'importun à regret,
10 J'ose lui demander un entretien secret.

ARSACE

Vous, Seigneur, importun ? vous, cet ami fidèle
Qu'un soin[4] si généreux[5] intéresse pour elle ?
Vous, cet Antiochus, son amant[6] autrefois ?
Vous, que l'Orient compte entre ses plus grands rois ?
15 Quoi ! déjà de Titus épouse en espérance,
Ce rang entre elle et vous met-il tant de distance ?

ANTIOCHUS

Va, dis-je : et sans vouloir te charger d'autres soins[7],
Vois si je puis bientôt lui parler sans témoins.

---

1. **Pompe :** caractère magnifique.
2. **Cabinet... dépositaire :** l'abbé de Villars s'est étonné que l'on puisse accéder si facilement à ce cabinet, c'est-à-dire au bureau (cabinet de travail) de Titus.
3. **Expliquer :** faire connaître en détail (sens latin).
4. **Soin :** ici, intérêt amoureux.
5. **Généreux :** noble, digne d'un homme d'honneur (vocabulaire typiquement cornélien).
6. **Amant :** amoureux.
7. **Soins :** ici, soucis, préoccupations.

SCÈNE 2. ANTIOCHUS, *seul.*

Hé bien ! Antiochus, es-tu toujours le même ?
20 Pourrai-je, sans trembler, lui dire : « Je vous aime » ?
Mais quoi ! déjà je tremble, et mon cœur agité
Craint autant ce moment que je l'ai souhaité.
Bérénice autrefois m'ôta toute espérance ;
Elle m'imposa même un éternel silence.
25 Je me suis tu cinq ans ; et jusques à ce jour,
D'un voile d'amitié j'ai couvert mon amour.
Dois-je croire qu'au rang où Titus la destine
Elle m'écoute mieux que dans la Palestine ?
Il l'épouse[1]. Ai-je donc attendu ce moment
30 Pour me venir encor déclarer son amant ?
Quel fruit[2] me reviendra d'un aveu téméraire[3] ?
Ah ! puisqu'il faut partir, partons sans lui déplaire,
Retirons-nous, sortons, et, sans nous découvrir[4],
Allons loin de ses yeux l'oublier, ou mourir.
35 Hé quoi ? souffrir toujours un tourment[5] qu'elle ignore ?
Toujours verser des pleurs qu'il faut que je dévore[6] ?
Quoi ? même en la perdant redouter son courroux ?
Belle reine, et pourquoi vous offenseriez-vous ?
Viens-je vous demander que vous quittiez l'empire ?
40 Que vous m'aimiez ? Hélas ! je ne viens que vous dire
Qu'après m'être longtemps flatté[7] que mon rival[8]
Trouverait à ses vœux quelque obstacle fatal[9],

---

1. Coupe inhabituelle du vers mettant en valeur le drame que représente ce mariage pour Antiochus.
2. **Fruit** : avantage.
3. **Téméraire** : « fait ou dit à la légère » (*Dictionnaire universel* de Furetière, 1690).
4. **Nous découvrir** : dévoiler nos sentiments.
5. **Tourment** : douleur morale violente qui met au supplice.
6. **Dévore** : ravale, retienne.
7. **Flatté** : imaginé faussement.
8. **Mon rival** : Titus.
9. **Fatal** : voulu par le destin.

Aujourd'hui qu'il peut tout, que votre hymen[1] s'avance,
Exemple[2] infortuné d'une longue constance[3],
45 Après cinq ans d'amour et d'espoir superflus,
Je pars, fidèle encor quand je n'espère plus.
Au lieu de s'offenser, elle pourra me plaindre.
Quoi qu'il en soit, parlons ; c'est assez nous contraindre[4],
Et que peut craindre, hélas ! un amant sans espoir
50 Qui peut bien se résoudre à ne la jamais voir ?

---

1. **Hymen :** mariage.
2. **Exemple :** se rapporte à « je » (v. 46).
3. **Constance :** force morale de celui qui supporte.
4. **C'est... contraindre :** j'ai fait assez longtemps l'effort de me taire.

REPÈRES

Une scène et un monologue d'exposition

• Quels sont les quatre personnages évoqués dans la scène 1 ? Que savons-nous de chacun d'eux ? Quels éléments indispensables à l'action apprenons-nous ?

• Quelle est la configuration des lieux ? Montrez qu'ils créent un décor et un climat (v. 1-10) et qu'ils tiennent la place des didascalies.

• L'exposition n'est pas complète avec la scène 1. Quels éléments nouveaux viennent la compléter dans la scène 2 ? Pourquoi avoir choisi la forme du monologue ?

• Quelles indications de temps nous sont données dans les deux premières scènes ?

OBSERVATION

• Dans les vers 1-10, quels procédés transforment un vocabulaire simple en poésie ?

• Étudiez le thème du secret dans la scène 1.

• Pourquoi le nom de Bérénice n'est-il pas prononcé dans la scène 1, mais remplacé par une périphrase ?

• Établissez le plan du monologue (v. 19-50).

• Étudiez le vocabulaire de la crainte et de la douleur dans le monologue. Recherchez les effets de versification (coupes, rejets, répétitions) et de sonorités, en précisant l'intention de Racine.

• Étudiez le jeu des *je, tu, nous, vous* dans le monologue. Quel est le but de ces variations ?

INTERPRÉTATIONS

• Quelles images contradictoires d'Antiochus avons-nous à travers les paroles d'Arsace et la tirade d'Antiochus ?

• Comment Bérénice est-elle présentée successivement par Arsace, puis par Antiochus, en particulier aux vers 24 et 34 ? Leur vision est-elle la même ?

• Le monologue d'Antiochus pourrait-il avoir été écrit par Corneille ? Pourquoi ?

• Pourquoi avoir commencé la pièce avec le personnage d'Antiochus ?

• Avec ces deux scènes, le sujet de la pièce est-il défini ?

SCÈNE 3. ANTIOCHUS, ARSACE.

ANTIOCHUS

Arsace, entrerons-nous ?

ARSACE

Seigneur, j'ai vu la reine ;
Mais, pour me faire voir, je n'ai percé qu'à peine[1]
Les flots toujours nouveaux d'un peuple adorateur
Qu'attire sur ses pas sa prochaine grandeur.
55 Titus, après huit jours d'une retraite austère,
Cesse enfin de pleurer Vespasien[2] son père.
Cet amant se redonne aux soins de son amour ;
Et, si j'en crois, Seigneur, l'entretien de la cour,
Peut-être avant la nuit l'heureuse Bérénice[3]
60 Change le nom de reine au nom[4] d'impératrice.

ANTIOCHUS

Hélas !

ARSACE

Quoi ! ce discours pourrait-il vous troubler[5] ?

ANTIOCHUS

Ainsi donc sans témoins je ne lui puis parler ?

ARSACE

Vous la verrez, Seigneur ; Bérénice est instruite
Que vous voulez ici la voir seule et sans suite.
65 La reine d'un regard a daigné m'avertir
Qu'à votre empressement elle allait consentir ;

---

1. **À peine** : avec peine.
2. **Vespasien** : il vécut de 7 à 79 apr. J.-C. Énergique empereur romain de 69 à 79, il pacifia la Judée et restaura l'Empire romain, ruiné par la guerre civile.
3. **Bérénice** : rime deux fois avec « impératrice » à l'acte I, alors que ce mot rimera avec « sacrifice » au vers 471.
4. **Au nom** : en celui.
5. **Troubler** : bouleverser (sens fort).

Et sans doute[1] elle attend le moment favorable
Pour disparaître aux yeux d'une cour qui l'accable.

ANTIOCHUS

Il suffit. Cependant n'as-tu rien négligé
70 Des ordres importants dont je t'avais chargé ?

ARSACE

Seigneur, vous connaissez ma prompte obéissance.
Des vaisseaux dans Ostie[2] armés en diligence[3],
Prêts à quitter le port de moments en moments[4],
N'attendent pour partir que vos commandements.
75 Mais qui renvoyez-vous dans votre Comagène[5] ?

ANTIOCHUS

Arsace, il faut partir quand j'aurai vu la reine.

ARSACE

Qui doit partir ?

ANTIOCHUS

　　　　　Moi.

ARSACE

　　　　Vous ?

ANTIOCHUS

　　　　　　　　En sortant du palais,
Je sors de Rome, Arsace, et j'en sors pour jamais[6].

ARSACE

Je suis surpris sans doute, et c'est avec justice.
80 Quoi ! depuis si longtemps la reine Bérénice
Vous arrache, Seigneur, du sein de vos États ;
Depuis trois ans dans Rome elle arrête vos pas ;

---

1. **Sans doute :** sans aucun doute.
2. **Ostie :** port de Rome, à l'embouchure du Tibre.
3. **En diligence :** rapidement.
4. **De moments en moments :** d'un instant à l'autre (la langue du XVIIᵉ siècle emploie souvent au pluriel les mots abstraits).
5. **Comagène :** ancien pays situé au nord-est de la Syrie (autre orthographe, « Commagène »).
6. **Pour jamais :** pour toujours.

Et lorsque cette reine, assurant sa conquête[1],
Vous attend pour témoin de cette illustre fête ;
85 Quand l'amoureux Titus, devenant son époux,
Lui prépare un éclat qui rejaillit sur vous...

ANTIOCHUS

Arsace, laisse-la jouir de sa fortune[2],
Et quitte un entretien dont le cours m'importune.

ARSACE

Je vous entends[3], Seigneur : ces mêmes dignités[4]
90 Ont rendu Bérénice ingrate à vos bontés.
L'inimitié succède à l'amitié trahie.

ANTIOCHUS

Non, Arsace, jamais je ne l'ai moins haïe.

ARSACE

Quoi donc ? de sa grandeur déjà trop prévenu[5],
Le nouvel empereur vous a-t-il méconnu[6] ?
95 Quelque pressentiment de son indifférence
Vous fait-il loin de Rome éviter sa présence ?

ANTIOCHUS

Titus n'a point pour moi paru se démentir,
J'aurais tort de me plaindre.

ARSACE

                              Et pourquoi donc partir ?
Quel caprice[7] vous rend ennemi de vous-même ?
100 Le ciel met sur le trône un prince qui vous aime,
Un prince qui jadis, témoin de vos combats,
Vous vit chercher la gloire et la mort sur ses pas,
Et de qui la valeur, par vos soins secondée,

---

1. **Sa conquête** : celle de Titus, qui l'épouse.
2. **Fortune** : ici, réussite sociale.
3. **Entends** : comprends.
4. **Ces mêmes dignités** : ces dignités elles-mêmes.
5. **De sa grandeur... prévenu** : enorgueilli par sa grandeur.
6. **Vous a-t-il méconnu** : ne vous a-t-il pas reconnu à votre juste valeur.
7. **Caprice** : changement d'humeur.

Mit enfin sous le joug la rebelle Judée[1].
105 Il se souvient du jour illustre et douloureux
Qui décida du sort d'un long siège douteux.
Sur leurs triples remparts les ennemis tranquilles
Contemplaient sans péril nos assauts inutiles ;
Le bélier[2] impuissant les menaçait en vain :
110 Vous seul, Seigneur, vous seul, une échelle à la main,
Vous portâtes la mort jusque sur leurs murailles.
Ce jour presque éclaira vos propres funérailles :
Titus vous embrassa mourant entre mes bras,
Et tout le camp vainqueur pleura votre trépas.
115 Voici le temps, Seigneur, où vous devez attendre
Le fruit de tant de sang qu'ils vous ont vu répandre.
Si, pressé du désir de revoir vos États,
Vous vous lassez de vivre où vous ne régnez pas,
Faut-il que sans honneur l'Euphrate[3] vous revoie ?
120 Attendez pour partir que César vous renvoie
Triomphant et chargé des titres souverains
Qu'ajoute encore aux rois l'amitié des Romains.
Rien ne peut-il, Seigneur, changer votre entreprise ?
Vous ne répondez point.

ANTIOCHUS
Que veux-tu que je dise ?
125 J'attends de Bérénice un moment d'entretien.

ARSACE
Hé bien, Seigneur ?

ANTIOCHUS
Son sort décidera du mien.

ARSACE
Comment ?

---

1. Titus prit Jérusalem en 70 apr. J.-C., et fut aidé par Antiochus.
2. **Bélier** : machine de guerre servant à abattre les murs et les portes.
3. **L'Euphrate** : fleuve situé au sud de la Comagène (voir carte p. 214).

ANTIOCHUS
        Sur son hymen j'attends qu'elle s'explique.
Si sa bouche s'accorde avec la voix publique[1],
S'il est vrai qu'on l'élève au trône des Césars,
130 Si Titus a parlé, s'il l'épouse, je pars.

ARSACE
Mais qui[2] rend à vos yeux cet hymen si funeste[3] ?

ANTIOCHUS
Quand nous serons partis, je te dirai le reste.

ARSACE
Dans quel trouble[4], Seigneur, jetez-vous mon esprit !

ANTIOCHUS
La reine vient. Adieu, fais tout ce que j'ai dit.

---

1. **La voix publique :** la rumeur. Elle apparaît ici pour la première fois et
jouera un grand rôle dans la pièce.
2. **Qui :** qu'est-ce qui.
3. **Funeste :** qui apporte désastre et mort.
4. **Trouble :** confusion, désarroi profond.

Repères

• Quel est l'intérêt de la scène 3 ? S'agit-il plutôt d'un intérêt dramatique ou d'un intérêt psychologique ? Cette scène est-elle nécessaire à l'action ?
• Quels nouveaux renseignements donnés par Arsace viennent compléter l'exposition ?

Observation

• Quelles sont les quatre parties principales de la scène ?
• Dans le début de la scène, étudiez la description de la cour : faites la part des éléments relevant de la cour de Vespasien et de ceux qui relèvent de la cour de Louis XIV.
• Quelles périphrases évoquent Bérénice ? Quel est l'effet produit ?
• Pourquoi, jusqu'au vers 76, Antiochus n'a-t-il pas précisé ses intentions à Arsace ? Commentez le « Il faut partir » du vers 76. Étudiez le vers 77. Comparez le vers 78 avec l'irrésolution de la scène 2.
• Quelles sont les hypothèses successives proposées par Arsace pour expliquer le départ d'Antiochus (v. 79-96) ?
• Dégagez les deux parties de la tirade d'Arsace (vers 98-124) en établissant leur lien logique. Quelles expressions font d'Antiochus un personnage héroïque ?
• Quelle décision prend Antiochus à la fin de la scène ? Comparez le vers 130 avec le vers 78. Étudiez le rythme des vers 127-134 : que suggère-t-il ?

Interprétations

Une scène d'attente
• Montrez que chacun des deux personnages est dans une situation d'attente.
• Qui est Arsace ? Comment imaginez-vous le personnage ? Quelle est sa philosophie politique ? Pourquoi ne comprend-il pas les intentions d'Antiochus ? Approuvez-vous certaines mises en scène qui le représentent comme un Oriental cauteleux ?

• Essayez de vous représenter le personnage d'Antiochus (âge, costume, attitude). En quoi la tirade d'Arsace modifie-t-elle considérablement la vision que nous avions d'Antiochus ?

• Les mots évoquant la vue et le regard sont très nombreux. Pourquoi ? Que veut obtenir Antiochus de Bérénice ?

• Le rythme de la scène est très changeant, faisant alterner des répliques de longueur moyenne, une longue tirade, et des répliques vers à vers : quel est l'effet produit ?

SCÈNE 4. BÉRÉNICE, ANTIOCHUS, PHÉNICE.

BÉRÉNICE

135 Enfin je me dérobe à la joie importune
De tant d'amis nouveaux que me fait la fortune ;
Je fuis de leurs respects l'inutile longueur,
Pour chercher un ami qui me parle du cœur[1].
Il ne faut point mentir, ma juste impatience
140 Vous accusait déjà de quelque négligence.
Quoi ? cet Antiochus, disais-je, dont les soins
Ont eu tout l'Orient et Rome pour témoins ;
Lui, que j'ai vu toujours constant dans mes traverses[2]
Suivre d'un pas égal mes fortunes[3] diverses ;
145 Aujourd'hui que le ciel[4] semble me présager
Un honneur qu'avec vous je prétends partager,
Ce même Antiochus, se cachant à ma vue,
Me laisse à la merci d'une foule inconnue ?

ANTIOCHUS

Il est[5] donc vrai, Madame ? Et, selon ce discours,
150 L'hymen va succéder à vos longues amours ?

BÉRÉNICE

Seigneur, je vous veux bien[6] confier mes alarmes[7] :
Ces jours ont vu mes yeux baignés de quelques larmes ;
Ce long deuil que Titus imposait à sa cour
Avait même en secret suspendu son amour ;
155 Il n'avait plus pour moi cette ardeur assidue
Lorsqu'il passait[8] les jours attaché sur ma vue.

---

1. **Du cœur :** sincèrement.
2. **Traverses :** malheurs.
3. **Fortunes :** « tout ce qui peut arriver de bien ou de mal » (*Dictionnaire de l'Académie*, 1694).
4. **Le ciel :** voir p. 37.
5. **Il est :** c'est.
6. **Je vous veux bien :** je veux bien vous.
7. **Alarmes :** angoisses.
8. **Lorsqu'il passait :** qu'il avait lorsqu'il passait (ellipse, voir p. 220).

Muet, chargé de soins et les larmes aux yeux,
Il ne me laissait plus que de tristes[1] adieux.
Jugez de ma douleur, moi dont l'ardeur extrême,
160 Je vous l'ai dit cent fois, n'aime en lui que lui-même ;
Moi qui, loin des grandeurs dont il est revêtu,
Aurais choisi son cœur et cherché sa vertu[2].

ANTIOCHUS
Il a repris pour vous sa tendresse première ?

BÉRÉNICE
Vous fûtes spectateur de cette nuit dernière,
165 Lorsque, pour seconder ses soins religieux,
Le sénat a placé son père entre les dieux[3].
De ce juste devoir sa piété contente[4]
A fait place, Seigneur, au soin de son amante ;
Et même en ce moment, sans qu'il m'en ait parlé,
170 Il est dans le sénat, par son ordre assemblé.
Là, de la Palestine il étend la frontière ;
Il y joint l'Arabie et la Syrie[5] entière ;
Et, si de ses amis j'en dois croire la voix,
Si j'en crois ses serments redoublés mille fois[6],
175 Il va sur tant d'États couronner Bérénice,
Pour joindre à plus de noms le nom d'impératrice.
Il m'en viendra lui-même assurer en ce lieu.

ANTIOCHUS
Et je viens donc vous dire un éternel adieu.

BÉRÉNICE
Que dites-vous ? Ah ! ciel ! quel adieu ! quel langage !
180 Prince, vous vous troublez et changez de visage !

---

1. **Tristes** : funestes, cruels.
2. **Vertu** : valeur morale émanant essentiellement du courage.
3. **Entre les dieux** : il s'agit de l'apothéose de l'empereur défunt décidée par le sénat, et qui fait de lui un véritable dieu auquel on rend un culte.
4. **Contente** : satisfaite.
5. **L'Arabie et la Syrie** : l'Arabie Pétrée au sud, la Syrie au nord jusqu'à l'Euphrate (voir carte p. 214).
6. **Mille fois** : de nombreuses fois (hyperbole, voir p. 221).

ANTIOCHUS

Madame, il faut partir.

BÉRÉNICE

Quoi ? ne puis-je savoir

Quel sujet...

ANTIOCHUS *(à part).*

Il fallait partir sans la revoir.

BÉRÉNICE

Que craignez-vous ? Parlez, c'est trop longtemps se taire.

Seigneur, de ce départ quel est donc le mystère ?

ANTIOCHUS

185 Au moins souvenez-vous que je cède à vos lois[1],

Et que vous m'écoutez pour la dernière fois.

Si, dans ce haut degré de gloire et de puissance,

Il vous souvient des lieux où vous prîtes naissance,

Madame, il vous souvient que mon cœur en ces lieux

190 Reçut le premier trait[2] qui partit de vos yeux :

J'aimai. J'obtins l'aveu[3] d'Agrippa[4] votre frère,

Il vous parla pour moi. Peut-être sans colère

Alliez-vous de mon cœur recevoir le tribut[5] ;

Titus, pour mon malheur, vint, vous vit et vous plut[6].

195 Il parut devant vous dans tout l'éclat d'un homme

Qui porte entre ses mains la vengeance de Rome.

La Judée en pâlit. Le triste[7] Antiochus

Se compta le premier au nombre des vaincus.

Bientôt, de mon malheur interprète sévère[8],

---

1. **Vos lois :** vos conditions.

2. **Trait :** flèche (métaphore précieuse, voir p. 221).

3. **Aveu :** consentement.

4. **Agrippa :** frère de Bérénice et ami des Romains.

5. **Tribut :** don (métaphore précieuse, voir p. 221).

6. **Vint, vous vit et vous plut :** transposition de la célèbre formule de César, *Veni, vidi, vici* (« Je suis venu, j'ai vu, j'ai vaincu »).

7. **Triste :** voué au malheur.

8. **De mon malheur... sévère :** donnant à mon malheur sa signification cruelle.

Bérénice (Annie Ducaux)
et Antiochus (Paul Émile Deiber).
Comédie-Française, 1950.

200 Votre bouche à la mienne ordonna de se taire.
Je disputai[1] longtemps, je fis parler mes yeux ;
Mes pleurs et mes soupirs vous suivaient en tous lieux.
Enfin votre rigueur emporta la balance[2] ;
Vous sûtes m'imposer l'exil ou le silence.
205 Il fallut le[3] promettre, et même le jurer.
Mais, puisqu'en ce moment j'ose me déclarer,
Lorsque vous m'arrachiez cette injuste promesse,
Mon cœur faisait serment de vous aimer sans cesse.

BÉRÉNICE

Ah ! que me dites-vous ?

ANTIOCHUS

Je me suis tu cinq ans,
210 Madame, et vais encor[4] me taire plus longtemps.
De mon heureux rival j'accompagnai les armes ;
J'espérai de[5] verser mon sang après mes larmes,
Ou qu'au moins, jusqu'à vous porté par mille exploits,
Mon nom[6] pourrait parler, au défaut[7] de ma voix.
215 Le ciel sembla promettre une fin à ma peine :
Vous pleurâtes ma mort, hélas ! trop peu certaine.
Inutiles périls ! Quelle était mon erreur !
La valeur de Titus surpassait ma fureur[8].
Il faut qu'à sa vertu mon estime réponde.
220 Quoique attendu, Madame, à[9] l'empire du monde,
Chéri de l'univers, enfin aimé de vous,

---

1. **Disputai :** hésitai, réfléchis.
2. **La balance :** ma décision, après examen du pour et du contre.
3. **Le :** le silence.
4. **Encor :** orthographe possible au XVIIᵉ siècle et fréquemment utilisée dans les vers.
5. **J'espérai de :** cette construction, encore fréquente chez Corneille, tendait à devenir archaïque lorsque Racine écrivit *Bérénice*.
6. **Nom :** renom.
7. **Au défaut :** à défaut.
8. **Fureur :** ici acharnement guerrier.
9. **Attendu... à :** assuré d'avoir.

Il semblait à lui seul appeler[1] tous les coups,
Tandis que, sans espoir, haï, lassé de vivre,
Son malheureux rival[2] ne semblait que le suivre.
225 Je vois que votre cœur m'applaudit en secret :
Je vois que l'on[3] m'écoute avec moins de regret,
Et que, trop attentive à ce récit funeste,
En faveur de Titus vous pardonnez le reste[4].
Enfin, après un siège aussi cruel que lent,
230 Il dompta les mutins, reste pâle et sanglant
Des flammes, de la faim, des fureurs intestines,
Et laissa leurs remparts cachés sous leurs ruines.
Rome vous vit, Madame, arriver avec lui.
Dans l'Orient désert quel devint mon ennui[5] !
235 Je demeurai longtemps errant dans Césarée[6],
Lieux charmants[7] où mon cœur vous avait adorée.
Je vous redemandais à vos tristes États ;
Je cherchais en pleurant les traces de vos pas.
Mais enfin, succombant[8] à ma mélancolie,
240 Mon désespoir tourna mes pas vers l'Italie ;
Le sort m'y réservait le dernier de ses coups :
Titus en m'embrassant m'amena devant vous.
Un voile d'amitié vous trompa l'un et l'autre,
Et mon amour devint le confident du vôtre.
245 Mais toujours quelque espoir flattait mes déplaisirs[9].

---

1. **Appeler :** attirer (sur lui).
2. **Malheureux rival :** s'oppose au vers 211.
3. **L'on :** vous ; au XVIIe siècle, « on » pouvait être employé à la place de la deuxième personne du singulier ou du pluriel avec une valeur affective.
4. **Le reste :** le reste de mon récit, c'est-à-dire la déclaration d'amour.
5. **Ennui :** tourment insupportable.
6. **Césarée :** lieu de résidence du procurateur romain en Judée, où Racine situe la capitale du royaume de Bérénice.
7. **Charmants :** qui charment (au sens propre), qui ensorcellent (vocabulaire précieux, voir p. 222).
8. **Succombant :** comme je succombais.
9. **Flattait mes déplaisirs :** me trompait dans mon malheur.

Rome, Vespasien traversaient[1] vos soupirs[2].
Après tant de combats, Titus cédait peut-être.
Vespasien est mort, et Titus est le maître.
Que ne fuyais-je alors ! J'ai voulu quelques jours
250 De son nouvel empire examiner le cours[3].
Mon sort est accompli. Votre gloire s'apprête.
Assez d'autres, sans moi, témoins de cette fête,
À vos heureux transports[4] viendront joindre les leurs ;
Pour moi, qui ne pourrais y mêler que des pleurs,
255 D'un inutile amour trop constante victime,
Heureux dans mes malheurs d'en avoir pu sans crime[5]
Conter toute l'histoire aux yeux qui les ont faits,
Je pars plus amoureux que je ne fus jamais.

BÉRÉNICE

Seigneur, je n'ai pas cru[6] que, dans une journée
260 Qui doit avec César[7] unir ma destinée,
Il fût quelque mortel qui pût impunément
Se venir à mes yeux déclarer mon amant.
Mais de mon amitié mon silence est un gage :
J'oublie en sa faveur un discours qui m'outrage.
265 Je n'en ai point troublé le cours injurieux ;
Je fais plus : à regret je reçois vos adieux.
Le ciel sait qu'au milieu des honneurs qu'il m'envoie,
Je n'attendais que vous pour témoin de ma joie.
Avec tout l'univers j'honorais vos vertus[8].
270 Titus vous chérissait, vous admiriez Titus.

---

1. **Traversaient :** contrariaient.
2. **Soupirs :** manifestations d'amour.
3. **Cours :** déroulement.
4. **Transports :** manifestations passionnées (ici, de joie).
5. **Sans crime :** sans être accusé par vous (sens latin).
6. **Je n'ai pas cru :** je n'aurais pas cru (latinisme).
7. **César :** titre officiel porté par les empereurs romains depuis Auguste.
8. **Vertus :** qualités morales.

Cent fois je me suis fait une douceur extrême
D'entretenir Titus dans un autre lui-même[1].

ANTIOCHUS

Et c'est ce que je fuis. J'évite, mais trop tard,
Ces cruels entretiens où je n'ai point de part.
275 Je fuis Titus. Je fuis ce nom qui m'inquiète[2],
Ce nom qu'à tous moments votre bouche répète.
Que vous dirai-je enfin ? Je fuis des yeux distraits
Qui me voyant toujours, ne me voyaient jamais.
Adieu. Je vais, le cœur trop plein de votre image,
280 Attendre, en vous aimant, la mort pour mon partage.
Surtout ne craignez point qu'une aveugle douleur
Remplisse l'univers du bruit[3] de mon malheur,
Madame ; le seul bruit d'une mort que j'implore
Vous fera souvenir que je vivais encore.
285 Adieu.

---

1. **Un autre lui-même** : il s'agit d'Antiochus.
2. **M'inquiète** : m'enlève tout repos.
3. **Bruit** : ici, rumeur, nouvelle, retentissement d'un événement.

REPÈRES

- Quels éléments nouveaux viennent compléter l'intrigue ?
- Cette scène correspond-elle à ce que nous attendions ?
- Y a-t-il une action (l'amour de Titus et de Bérénice) ou deux actions (l'amour de Titus et de Bérénice + l'amour d'Antiochus pour Bérénice) ?

OBSERVATION

Une entrée en scène et un aveu
- Quel est le premier mot employé par Bérénice ? Pourquoi ?
- Dégagez les principales parties de la scène : l'entrée en scène de Bérénice, l'aveu d'Antiochus, le congé d'Antiochus.
- Bérénice : relevez les différents termes exprimant son orgueil ; s'attendait-elle à la déclaration d'Antiochus ? Pourquoi l'a-t-elle laissé parler ? Sa réaction finale est-elle amicale, ou ironique ?
- Antiochus : quelles expressions traduisent son hésitation au début de la scène ? Ses deux tirades sont-elles situées au présent ou au passé ? Pourquoi ? Étudiez son vocabulaire précieux et galant.
- Titus : quels termes sont employés par Bérénice pour évoquer son amant ? Antiochus évoque-t-il Titus dans les mêmes termes ?
- Étudiez l'emploi du verbe « voir » chez les deux personnages (v. 151-162 et 273-285), en vous rappelant que pour les personnages raciniens l'amour est intimement lié au regard.
- La poésie : relevez quelques vers aux sonorités particulièrement harmonieuses.

INTERPRÉTATIONS

Ils se voient, mais ne se voient pas
- La scène est-elle, selon vous, centrée sur Antiochus ou sur Bérénice ?
- Les deux personnages communiquent-ils, ou sont-ils chacun enfermés dans leur univers mental ?
- L'amour de Bérénice pour Titus est-il désintéressé ?
- Antiochus est-il pour vous un personnage typiquement racinien ? Quel ton général donne-t-il à la scène ?

SCÈNE 5. BÉRÉNICE, PHÉNICE.

PHÉNICE

Que je le plains ! Tant de fidélité,
Madame, méritait plus de prospérité.
Ne le plaignez-vous pas ?

BÉRÉNICE

Cette prompte retraite
Me laisse, je l'avoue, une douleur secrète.

PHÉNICE

Je l'aurais retenu.

BÉRÉNICE

Qui ? moi ? le retenir ?
290 J'en[1] dois perdre plutôt jusques au souvenir.
Tu veux donc que je flatte une ardeur insensée ?

PHÉNICE

Titus n'a point encore expliqué sa pensée.
Rome vous voit, Madame, avec des yeux jaloux[2] ;
La rigueur de ses lois m'épouvante pour vous :
295 L'hymen chez les Romains n'admet qu'une Romaine ;
Rome hait tous les rois, et Bérénice est reine.

BÉRÉNICE

Le temps n'est plus, Phénice, où je pouvais trembler.
Titus m'aime, il peut tout, il n'a plus qu'à parler.
Il verra le sénat m'apporter ses hommages,
300 Et le peuple de fleurs couronner ses images[3].
De cette nuit, Phénice, as-tu vu la splendeur ?
Tes yeux ne sont-ils pas tout pleins de sa grandeur ?
Ces flambeaux, ce bûcher[4], cette nuit enflammée,

---

1. **En** : pronom qui peut désigner au XVIIᵉ siècle un nom de personne.
2. **Jaloux** : hostiles.
3. Variante (édition de 1671) : « Tu verras le sénat m'apporter ses hommages, / Et le peuple de fleurs consacrer nos images. » « Images » signifie ici « portraits ».
4. **Bûcher** : le bûcher de l'apothéose, où l'on brûlait le corps de l'empereur défunt.

Ces aigles[1], ces faisceaux[2], ce peuple, cette armée,
305 Cette foule de rois, ces consuls, ce sénat,
Qui tous de mon amant empruntaient leur éclat ;
Cette pourpre[3], cet or, que rehaussait sa gloire,
Et ces lauriers encor témoins[4] de sa victoire ;
Tous ces yeux qu'on voyait venir de toutes parts
310 Confondre sur lui seul leurs avides regards ;
Ce port majestueux, cette douce présence.
Ciel ! avec quel respect et quelle complaisance
Tous les cœurs en secret l'assuraient de leur foi[5] !
Parle : peut-on le voir sans penser, comme moi,
315 Qu'en quelque obscurité que le sort l'eût fait naître,
Le monde en le voyant eût reconnu son maître[6] ?
Mais, Phénice, où m'emporte un souvenir charmant ?
Cependant Rome entière, en ce même moment,
Fait des vœux pour Titus, et par des sacrifices,
320 De son règne naissant célèbre les prémices[7].
Que tardons-nous ? Allons, pour son empire heureux[8],
Au ciel qui le protège offrir aussi nos vœux[9].
Aussitôt, sans l'attendre, et sans être attendue,
Je reviens le chercher, et dans cette entrevue
325 Dire tout ce qu'aux cœurs l'un de l'autre contents
Inspirent des transports retenus si longtemps.

---

1. **Aigles** : enseignes militaires romaines (le nom est employé alors au féminin).
2. **Faisceaux** : verges liées par une courroie de cuir symbolisant la puissance publique à Rome.
3. **Pourpre** : ici, symbole du pouvoir impérial.
4. **Témoins** : témoignages.
5. **Foi** : fidélité.
6. La cour vit dans ce vers une allusion à Louis XIV.
7. **Prémices** : commencements. À l'origine, premiers produits de la terre offerts aux dieux.
8. **Son empire heureux** : le bonheur de son empire (latinisme).
9. Variante (éditions de 1671 et 1687) : « De son règne naissant consacre les prémices. / Je prétends quelque part à des souhaits si doux. / Phénice, allons nous joindre aux vœux qu'on fait pour nous. »

Buste de Titus (bronze antique).
Musée du Louvre, Paris.

REPÈRES

• Phénice était présente à la scène précédente, mais n'avait pas parlé. Pourquoi Racine lui donne-t-il maintenant la parole ? En quoi ce personnage est-il utile à l'action ?
• La longue tirade de Bérénice est-elle nécessaire à l'action ? Quels sont les intérêts psychologique et dramatique de cette scène ?

OBSERVATION

• Quels sont les différents acteurs du drame évoqués par Bérénice dans les vers 297-300 ?
• Montrez que les groupes de vers 303-306 et 307-310 sont construits sur le même rythme.
• Étudiez l'opposition de l'ombre et de la lumière, et l'évocation des couleurs dans les v. 301-310. Quel est le rôle du regard dans cette évocation ?
• Pourquoi Racine emploie-t-il aussi souvent le démonstratif ? Vous relèverez les procédés de rhétorique (répétitions, anaphores, oppositions), ainsi que les effets de sonorité, les rimes intérieures qui donnent aux vers une grande musicalité.
• Montrez que toute la première partie de la tirade est construite sur une gradation qui culmine avec le mot « maître » (v. 316).
• En quoi la fin de la tirade (v. 317-326) est-elle une retombée ?
• En quoi consiste l'ironie tragique des derniers vers ?

INTERPRÉTATIONS

Une hypotypose
• Montrez que, dans la tirade de Bérénice, Racine a réussi ce que la rhétorique appelle une hypotypose, c'est-à-dire un tableau pourvu de qualités de vie remarquables.
• Analysez l'érotisme sous-jacent de cette évocation dans laquelle Bérénice s'approprie la personne de Titus sous forme de fantasme.
• Comparez l'évocation de Titus par Bérénice à celle de Pyrrhus par Andromaque (*Andromaque*, v. 997-1006).
• Si Phénice incarne la raison, Bérénice se complaît dans l'illusion. Quelle attitude le spectateur retient-il davantage ?

Les personnages

• **Antiochus**. Commentez l'opinion du critique Roland Barthes : « Antiochus est l'homme du silence. Condamné d'un même mouvement à se taire et à être fidèle, il s'est tu cinq ans avant de parler à Bérénice ; il ne conçoit sa mort que silencieuse. »

• **Bérénice**. Comment doit-on interpréter le rôle dans le premier acte ? Montrez d'après quelques exemples que l'actrice peut infléchir ce rôle dans des sens différents (orgueil, pitié, force, faiblesse). Quelles menaces pèsent sur elle à la fin de l'acte ?

• **Titus**. On ne le voit pas, mais il est sur toutes les lèvres. Montrez que Bérénice (l'amante), Antiochus (l'ami) et Arsace en donnent des visions fort différentes fondées, l'une sur l'amour et la paix, l'autre sur une toile de fond sanglante et guerrière.

L'action

• Dans sa *Critique de « Bérénice »*, l'abbé de Villars a soutenu que le premier acte n'était qu'un hors-d'œuvre inutile à l'action. Partagez-vous ce point de vue ?

• Le premier acte peut être ressenti comme l'acte d'Antiochus. Pourquoi l'exposition de la pièce a-t-elle été présentée à travers Antiochus ?

• Le sujet de la pièce est-il bien défini à la fin de l'acte I ? L'exposition a-t-elle été complète ?

Les thèmes

• Étudiez le thème du regard dans l'acte I. Montrez que vivre = être vu = être reconnu.

• Le thème du souvenir est récurrent : le siège de Jérusalem (v. 101-114) ; l'amour et le passé d'Antiochus (v. 185-250) ; l'apothéose de Vespasien (v. 301-316). Comment le souvenir fait-il d'Antiochus un personnage voué au passé et sans prise sur la réalité présente ? Comment Bérénice est-elle, elle aussi, vouée à l'impuissance en se complaisant dans le souvenir ?

Titus (Jean-François Sivadier) et Paulin (Michel Peyrelon).
Mise en scène de Jacques Lassalle, T.E.P., 1990.

ACTE II

SCÈNE PREMIÈRE. TITUS, PAULIN, SUITE.

TITUS

A-t-on vu de ma part le roi de Comagène ?
Sait-il que je l'attends ?

PAULIN

J'ai couru chez la reine.
Dans son appartement ce prince avait paru ;
330 Il en était sorti lorsque j'y suis couru[1] ;
De vos ordres, Seigneur, j'ai dit qu'on l'avertisse.

TITUS

Il suffit. Et que fait la reine Bérénice ?

PAULIN

La reine, en ce moment, sensible à vos bontés,
Charge le ciel de vœux pour vos prospérités.
335 Elle sortait, Seigneur.

TITUS

Trop aimable princesse !

Hélas !

PAULIN

En sa faveur d'où naît cette tristesse ?
L'Orient presque entier va fléchir sous sa loi[2] :
Vous la plaignez ?

TITUS

Paulin, qu'on vous laisse avec moi.

---

1. **J'y suis couru** : au XVIIe siècle, le verbe « courir » peut être employé avec deux auxiliaires différents ; avec l'auxiliaire « avoir », il exprime l'action ; avec l'auxiliaire « être », aujourd'hui incorrect, il exprime le résultat (être arrivé).
2. **Sous sa loi** : voir les vers 171-172.

SCÈNE 2. TITUS, PAULIN.

TITUS

Hé bien, de mes desseins Rome encore incertaine
340 Attend que[1] deviendra le destin de la reine,
Paulin ; et les secrets de son cœur et du mien
Sont de tout l'univers devenus l'entretien.
Voici le temps enfin qu'il faut[2] que je m'explique.
De la reine et de moi que dit la voix publique ?
345 Parlez : qu'entendez-vous ?

PAULIN

J'entends de tous côtés
Publier vos vertus[3], Seigneur, et ses beautés.

TITUS

Que dit-on des soupirs que je pousse pour elle ?
Quel succès[4] attend-on d'un amour si fidèle ?

PAULIN

Vous pouvez tout : aimez, cessez d'être amoureux,
350 La cour sera toujours du parti[5] de vos vœux.

TITUS

Et je l'ai vue aussi cette cour peu sincère,
À ses maîtres toujours trop soigneuse de plaire,
Des crimes de Néron approuver les horreurs ;
Je l'ai vue à genoux consacrer[6] ses fureurs[7].
355 Je ne prends point pour juge une cour idolâtre,
Paulin : je me propose un plus noble[8] théâtre[9],
Et, sans prêter l'oreille à la voix des flatteurs,

---

1. **Que :** ce que ; tournure courante au XVIIᵉ siècle pour introduire l'interrogation indirecte.
2. **Qu'il faut :** où il faut.
3. **Publier vos vertus :** vos vertus louées publiquement.
4. **Succès :** issue, bonne ou mauvaise.
5. **Du parti :** du côté (métaphore militaire).
6. **Consacrer :** rendre sacrées.
7. **Ses fureurs :** ses excès.
8. **Noble :** variante (édition de 1671), « ample ».
9. **Théâtre :** la vie de l'empereur est conçue comme représentation.

Je veux par votre bouche entendre tous les cœurs[1].
Vous me l'avez promis. Le respect et la crainte
360 Ferment autour de moi le passage à la plainte ;
Pour mieux voir, cher Paulin, et pour entendre mieux[2],
Je vous ai demandé des oreilles, des yeux ;
J'ai mis même à ce prix mon amitié secrète :
J'ai voulu que des cœurs vous fussiez l'interprète ;
365 Qu'au travers des flatteurs votre sincérité
Fît toujours jusqu'à moi passer la vérité.
Parlez donc. Que faut-il que Bérénice espère ?
Rome lui sera-t-elle indulgente ou sévère ?
Dois-je croire qu'assise au trône des Césars
370 Une si belle reine offensât ses regards ?

PAULIN

N'en doutez point, Seigneur[3]. Soit raison, soit caprice,
Rome ne l'attend point pour son impératrice.
On sait qu'elle est charmante ; et de si belles mains
Semblent vous demander l'empire des humains ;
375 Elle a même, dit-on, le cœur d'une Romaine ;
Elle a mille vertus. Mais, Seigneur, elle est reine.
Rome, par une loi qui ne se peut changer,
N'admet avec son sang aucun sang étranger
Et ne reconnaît point les fruits illégitimes
380 Qui naissent d'un hymen contraire à ses maximes[4].
D'ailleurs, vous le savez, en bannissant ses rois,
Rome à ce nom, si noble et si saint autrefois,
Attacha pour jamais une haine puissante ;
Et quoiqu'à ses Césars fidèle, obéissante[5],

---

1. **Cœurs** : pensées secrètes.
2. **Mieux... mieux** : chiasme (voir p. 219).
3. **Vers 371 à 380** : les contemporains ont voulu voir une première allusion à Henriette d'Angleterre, qui fut aimée par Louis XIV (voir p. 30), et une autre aux enfants illégitimes nés de la liaison du roi avec Melle de La Vallière (v. 379-380).
4. **Ses maximes** : sa tradition.
5. **Quoiqu'... obéissante** : quoique Rome soit fidèle à ses empereurs.

385 Cette haine, Seigneur, reste de sa fierté,
Survit dans tous les cœurs après la liberté[1].
Jules, qui le premier la soumit à ses armes,
Qui fit taire les lois dans le bruit des alarmes,
Brûla pour Cléopâtre, et, sans se déclarer,
390 Seule dans l'Orient la laissa soupirer[2].
Antoine, qui l'aima jusqu'à l'idolâtrie,
Oublia dans son sein sa gloire et sa patrie,
Sans oser toutefois se nommer son époux :
Rome l'alla chercher jusques à ses genoux
395 Et ne désarma point sa fureur vengeresse
Qu'elle n'eût[3] accablé l'amant et la maîtresse[4].
Depuis ce temps, Seigneur, Caligula, Néron[5],
Monstres dont à regret je cite ici le nom,
Et qui, ne conservant que la figure d'homme,
400 Foulèrent à leurs pieds toutes les lois de Rome,
Ont craint cette loi seule, et n'ont point à nos yeux
Allumé le flambeau[6] d'un hymen odieux.
Vous m'avez commandé surtout d'être sincère.

---

1. **Après la liberté** : c'est-à-dire depuis la fin du régime républicain fondé sur la notion de liberté et qui détestait les rois depuis l'expulsion du dernier d'entre eux, Tarquin le Superbe, en 509 av. J.-C.
2. Jules César (101-44 av. J.-C.) prit illégalement le pouvoir à Rome en 49 après le passage du Rubicon. Passé en Égypte après sa victoire de Pharsale (48) sur Pompée, il devint l'amant de la reine Cléopâtre (69-30), dont il eut un fils, et qu'il ramena à Rome avec faste (contrairement à ce que suggère Racine).
3. **Qu'elle n'eût** : avant d'avoir.
4. Marc Antoine (83-30 av. J.-C.) devint en 37 le maître de l'Orient et l'amant de Cléopâtre ; ils furent vaincus en 31 à Actium par Octave, le futur empereur Auguste, et se suicidèrent.
5. Caligula (12-41 apr. J.-C.) fut empereur romain (37-41) ; à moitié fou, il finit assassiné. Néron (37-68 apr. J.-C.) devint également empereur romain (54-68) en succédant à Claude (10 av. J.-C.-54 apr. J.-C.), qui l'avait adopté. Après des débuts heureux, il régna en tyran et finit par se suicider.
6. **Flambeau** : allusion aux torches qu'on allumait dans l'Antiquité lors des mariages.

De l'affranchi Pallas[1] nous avons vu le frère,
405 Des fers de Claudius Félix encor flétri[2],
De deux reines, Seigneur, devenir le mari[3] ;
Et, s'il faut jusqu'au bout que je vous obéisse,
Ces deux reines étaient du sang de Bérénice.
Et vous croiriez pouvoir, sans blesser nos regards,
410 Faire entrer une reine au lit de nos Césars,
Tandis que l'Orient dans le lit de ses reines
Voit passer un esclave au sortir de nos chaînes ?
C'est ce que les Romains pensent de votre amour :
Et je ne réponds pas[4], avant la fin du jour[5],
415 Que le sénat, chargé des vœux de tout l'Empire,
Ne vous redise ici ce que je viens de dire ;
Et que Rome avec lui, tombant à vos genoux,
Ne vous demande un choix digne d'elle et de vous.
Vous pouvez préparer, Seigneur, votre réponse.

TITUS

420 Hélas ! à quel amour on veut que je renonce !

PAULIN

Cet amour est ardent, il le faut confesser.

TITUS

Plus ardent mille fois que tu ne peux penser,
Paulin. Je me suis fait un plaisir nécessaire
De la voir chaque jour, de l'aimer, de lui plaire.

---

1. **L'affranchi Pallas** : un affranchi est un ancien esclave qui a obtenu la liberté. Certains d'entre eux connurent une ascension sociale foudroyante sous l'Empire romain, notamment Pallas, favori de l'empereur Claude (Claudius). Pallas poussa Claude à épouser Agrippine (la mère de Néron), avant de le faire tuer.
2. **Le frère... flétri** : Félix, frère de Pallas, encore marqué par les fers (les chaînes) de Claude, dont il était l'affranchi.
3. **De deux reines... mari** : devenu procurateur de Judée, Félix avait épousé Drusilla, sœur d'Agrippa et de Bérénice. En revanche, un deuxième mariage, avec une autre reine, n'est pas historiquement attesté.
4. **Je ne réponds pas** : je ne garantis pas.
5. **Avant la fin du jour** : insistance de Racine sur l'unité de temps (voir p. 222).

425 J'ai fait plus. Je n'ai rien de secret à tes yeux :
J'ai pour elle cent fois rendu grâces aux dieux
D'avoir choisi mon père au fond de l'Idumée[1],
D'avoir rangé sous lui l'Orient et l'armée,
Et, soulevant encor le reste des humains,
430 Remis Rome sanglante[2] en ses paisibles mains.
J'ai même souhaité la place de mon père[3],
Moi, Paulin, qui cent fois, si le sort moins sévère
Eût voulu de sa vie étendre les liens[4],
Aurais donné mes jours pour prolonger les siens :
435 Tout cela (qu'un amant sait mal ce qu'il désire !)
Dans l'espoir d'élever Bérénice à l'empire,
De reconnaître[5] un jour son amour et sa foi,
Et de voir à ses pieds tout le monde avec moi.
Malgré tout mon amour, Paulin, et tous ses charmes,
440 Après mille serments appuyés de mes larmes,
Maintenant que je puis couronner tant d'attraits,
Maintenant que je l'aime encor plus que jamais,
Lorsqu'un heureux hymen, joignant nos destinées,
Peut payer[6] en un jour les vœux de cinq années,
445 Je vais, Paulin... Ô ciel ! puis-je le déclarer ?

PAULIN

Quoi, Seigneur ?

---

1. **L'Idumée :** région sud de la Judée. Vespasien y fut proclamé empereur, alors qu'il réprimait la révolte de Judée.
2. **Rome sanglante :** de juin 68 à décembre 69 apr. J.-C., quatre empereurs y furent renversés (Néron, Galba, Othon, Vitellius). Vespasien rétablit l'ordre et la paix.
3. **La place de mon père :** « Il [Titus] fut soupçonné d'avoir voulu se détacher de son père et de se faire couronner roi d'Orient », écrit l'historien latin Suétone (v. 69-v. 126 apr. J.-C.).
4. **De sa vie étendre les liens :** prolonger sa vie.
5. **Reconnaître :** être reconnaissant de.
6. **Payer :** exaucer.

TITUS

Pour jamais je vais m'en séparer.
Mon cœur en ce moment[1] ne vient pas de se rendre.
Si je t'ai fait parler, si j'ai voulu t'entendre,
Je voulais que ton zèle achevât en secret
450 De confondre[2] un amour qui se tait à regret.
Bérénice a longtemps balancé[3] la victoire ;
Et si je penche enfin du côté de ma gloire,
Crois qu'il m'en a coûté, pour vaincre tant d'amour,
Des combats dont mon cœur saignera plus d'un jour.
455 J'aimais, je soupirais dans une paix profonde :
Un autre était chargé de l'empire du monde.
Maître de mon destin, libre de mes soupirs,
Je ne rendais qu'à moi compte de mes désirs.
Mais à peine le ciel eut rappelé mon père,
460 Dès que ma triste main eut fermé sa paupière,
De mon aimable erreur[4] je fus désabusé :
Je sentis le fardeau qui m'était imposé ;
Je connus[5] que bientôt, loin d'être à ce que j'aime,
Il fallait, cher Paulin, renoncer à moi-même ;
465 Et que le choix des dieux, contraire à mes amours,
Livrait à l'univers le reste de mes jours.
Rome observe aujourd'hui ma conduite nouvelle.
Quelle honte pour moi, quel présage pour elle,
Si dès le premier pas, renversant tous ses droits,
470 Je fondais mon bonheur sur le débris des lois[6] !
Résolu d'accomplir ce cruel sacrifice,
J'y voulus préparer la triste Bérénice ;
Mais par où commencer ? Vingt fois, depuis huit jours,

---

1. **En ce moment** : à ce moment précis.
2. **Confondre** : réduire au silence.
3. **A longtemps balancé** : a longtemps fait hésiter.
4. **Aimable erreur** : erreur qui m'était si agréable.
5. **Connus** : reconnus. La langue classique emploie souvent un verbe simple là où nous employons aujourd'hui un verbe composé.
6. **Sur le débris des lois** : sur le non-respect et l'anéantissement des lois.

J'ai voulu devant elle en ouvrir le discours ;
475 Et, dès le premier mot, ma langue embarrassée
Dans ma bouche vingt fois a demeuré[1] glacée.
J'espérais que du moins mon trouble et ma douleur
Lui ferait[2] pressentir notre commun malheur ;
Mais sans me soupçonner, sensible à mes alarmes,
480 Elle m'offre sa main pour essuyer mes larmes,
Et ne prévoit rien moins dans cette obscurité[3]
Que la fin d'un amour qu'elle a trop mérité[4].
Enfin j'ai ce matin rappelé ma constance :
Il faut la voir, Paulin, et rompre le silence.
485 J'attends Antiochus pour lui recommander
Ce dépôt précieux que je ne puis garder :
Jusque dans l'Orient je veux qu'il la remeine[5].
Demain Rome avec lui verra partir la reine.
Elle en sera bientôt instruite par ma voix ;
490 Et je vais lui parler pour la dernière fois.

PAULIN

Je n'attendais pas moins de cet amour de gloire
Qui partout après vous attacha la victoire.
La Judée asservie[6] et ses remparts fumants,
De cette noble ardeur éternels monuments[7],
495 Me répondaient assez que votre grand courage[8]
Ne voudrait pas, Seigneur, détruire son ouvrage ;
Et qu'un héros vainqueur de tant de nations
Saurait bien, tôt ou tard, vaincre ses passions[9].

---

1. **A demeuré** : est demeurée. L'auxiliaire « avoir » insiste sur l'action.
2. **Ferait** : accord avec le sujet le plus proche, « douleur » (latinisme).
3. **Obscurité** : ignorance.
4. Variante (édition de 1671) : « Que la perte d'un cœur qu'elle a trop mérité. »
5. **Remeine** : ramène. Forme correcte au XVIIᵉ siècle.
6. **La Judée asservie** : l'asservissement de la Judée (latinisme).
7. **Monuments** : souvenirs (latinisme).
8. **Courage** : cœur.
9. Vocabulaire cornélien dans toute cette tirade.

TITUS

Ah ! que sous de beaux noms cette gloire est cruelle !
500 Combien mes tristes yeux la trouveraient plus belle,
S'il ne fallait encor qu'affronter le trépas !
Que dis-je ? Cette ardeur que j'ai pour ses appas[1],
Bérénice en mon sein l'a jadis allumée.
Tu ne l'ignores pas : toujours la renommée
505 Avec le même éclat n'a pas semé mon nom[2] ;
Ma jeunesse, nourrie[3] à la cour de Néron,
S'égarait, cher Paulin, par l'exemple abusée,
Et suivait du plaisir la pente trop aisée.
Bérénice me plut. Que ne fait point un cœur
510 Pour plaire à ce qu'il aime et gagner son vainqueur[4] ?
Je prodiguai mon sang ; tout fit place à mes armes.
Je revins triomphant. Mais le sang et les larmes
Ne me suffisaient pas pour mériter ses vœux[5].
J'entrepris le bonheur de mille malheureux.
515 On vit de toutes parts mes bontés se répandre[6] :
Heureux, et plus heureux que tu ne peux comprendre,
Quand je pouvais paraître à ses yeux satisfaits
Chargé de mille cœurs conquis par mes bienfaits.
Je lui dois tout, Paulin. Récompense cruelle !
520 Tout ce que je lui dois va retomber sur elle.
Pour prix[7] de tant de gloire et de tant de vertus,
Je lui dirai : « Partez, et ne me voyez plus. »

---

1. **Ses appas** : les charmes de la gloire.
2. **Toujours... mon nom** : la renommée n'a pas toujours... semé mon nom.
3. **Nourrie** : élevée. Selon Suétone, Titus fut élevé à la cour de Néron avec Britannicus ; sa jeunesse fut peu exemplaire.
4. **Vainqueur** : il s'agit de Bérénice (langage précieux, voir p. 222).
5. **Ses vœux** : qu'elle souhaite m'aimer.
6. Variante (édition de 1671) : « Ma main avec plaisir apprit à se répandre. »
7. **Pour prix** : comme récompense.

PAULIN

Hé quoi ! Seigneur, hé quoi ! cette magnificence
Qui va jusqu'à l'Euphrate étendre sa puissance,
525 Tant d'honneurs, dont l'excès a surpris le sénat,
Vous laissent-ils encor craindre le nom d'ingrat ?
Sur cent[1] peuples nouveaux Bérénice commande.

TITUS

Faibles amusements[2] d'une douleur si grande !
Je connais Bérénice et ne sais que trop bien
530 Que son cœur n'a jamais demandé que le mien[3].
Je l'aimai, je lui plus. Depuis cette journée
(Dois-je dire funeste, hélas ! ou fortunée ?),
Sans avoir en aimant d'objet que[4] son amour,
Étrangère dans Rome, inconnue à la cour,
535 Elle passe ses jours, Paulin, sans rien prétendre[5]
Que quelque heure à me voir et le reste à m'attendre.
Encor si quelquefois un peu moins assidu
Je passe[6] le moment où je suis attendu,
Je la revois bientôt de pleurs toute trempée.
540 Ma main à les sécher est longtemps occupée.
Enfin tout ce qu'amour a de nœuds plus puissants,
Doux reproches, transports sans cesse renaissants,
Soin de plaire sans art[7], crainte toujours nouvelle,
Beauté, gloire, vertu, je trouve tout en elle.
545 Depuis cinq ans entiers chaque jour je la vois[8],
Et crois toujours la voir pour la première fois[9].

---

1. **Cent** : beaucoup de (hyperbole, voir p. 221).
2. **Amusements** : distractions trompeuses.
3. **Que le mien** : voir le vers 160.
4. **D'objet que** : d'autre objet que.
5. **Prétendre** : revendiquer.
6. **Je passe** : je dépasse.
7. **Art** : artifice.
8. Inexact historiquement ; Bérénice était retournée en Judée et revint à Rome à l'occasion de la mort de Vespasien. Mais Racine reprend souvent le thème des cinq ans.
9. **La première fois** : s'oppose au vers 490.

N'y songeons plus. Allons, cher Paulin : plus j'y pense,
Plus je sens chanceler ma cruelle constance.
Quelle nouvelle, ô ciel ! je lui vais annoncer[1] !
550 Encore un coup[2], allons, il n'y faut plus penser.
Je connais mon devoir, c'est à moi de le suivre :
Je n'examine point si j'y pourrai survivre.

---

1. **Je lui vais annoncer :** je vais lui annoncer. La langue du XVIIᵉ siècle ne sépare pas par un complément l'infinitif du verbe qui l'introduit. (Cet usage tend cependant à disparaître dans *Bérénice*, dont la langue est relativement moderne.)
2. **Encore un coup :** encore une fois (langue soutenue).

REPÈRES

• Quels éléments viennent définitivement compléter l'exposition dans les scènes 1 et 2 ?
• En quoi l'action progresse-t-elle considérablement, pour régresser à la fin de la scène 2 ?
• Nous attendions Titus depuis un acte : son entrée en scène correspond-elle à notre attente ?

OBSERVATION

• Dans la scène 1, relevez les termes qui expriment la différence de condition entre les deux personnages.
• Dans la scène 2, pourquoi Paulin n'exprime-t-il pas tout de suite son opinion ? Que conseille-t-il d'abord à Titus ?
• Pourquoi Titus demande-t-il son avis à Paulin (v. 351-370) ? Relevez les termes se rapportant à cette « cour peu sincère » et les termes opposés par lesquels Titus définit sa propre attitude politique.

Paulin, la voix de Rome
• Comment sont composés les vers 371 à 419 ? Peut-on les comparer à une tirade de Corneille (toujours très structurée et parvenant à une conclusion) ? Quel vers pourrait résumer le point de vue de Paulin ?
• Précisez comment les personnages historiques évoqués par Paulin (v. 371-419) servent successivement d'exemples et de contre-exemples dans la thèse qu'il défend. Montrez que la place dans le vers des mots « Rome » et « Orient » correspond aux deux pôles de la démonstration de Paulin.
• Quels termes traduisent la prudence de Paulin dans ses affirmations ?
• Commentez les vers 420 et 421 : en quoi expriment-ils deux attitudes opposées ?

Titus, l'homme d'État amoureux
• Montrez que la tirade de Titus (v. 422 à 445) est construite sur un *avant* et sur un *maintenant*. Analysez les procédés de rhétorique et de versification qui enflent progressivement le discours jusqu'à provoquer l'exaspération. Quels termes expriment la douceur de cet amour passé ?
• Le « Quoi, Seigneur ? » (v. 446) est-il une interruption de la tirade de Titus ? Que met-il en relief ?

• Quels vers prouvent la fermeté de la résolution de Titus (vers 446 à 490) ? Par quelles métaphores exprime-t-il le changement qu'il opère sur lui-même ? Quels termes traduisent son désir de gloire ?
• En quels termes Titus juge-t-il son passé ? Quel rôle a joué la mort de Vespasien dans sa prise de conscience ? Commentez le terme de « sacrifice » (v. 471). Quels mots expriment le « trouble » de Titus ? Pourquoi n'a-t-il pas encore prévenu Bérénice de sa décision ? Pourquoi a-t-il besoin d'Antiochus ?

Une décision difficile à prendre

• En quoi le vers 498 peut-il résumer l'idéal de Paulin ? Étudiez le thème de la passion amoureuse dans les vers 499 à 522 ; montrez comment, dans le passé, l'amour allait de pair avec la gloire, alors qu'ils ont maintenant divorcé. Analysez l'ironie tragique des vers 519-522.
• À la fin de la scène (v. 509-522), quels termes manifestent l'irrésolution croissante de Titus ?

INTERPRÉTATIONS

• Quelles évocations d'un passé lointain rangent Titus sous le signe de la cruauté ?
• Quelles images différentes de Titus avons-nous dans la scène 2 ? Quels éléments prouvent que Titus est toujours amoureux de Bérénice ?
• La transformation de Titus, qui renonce à son rôle d'amant passionné pour celui d'empereur, vous paraît-elle vraisemblable ? Soulignez les comparaisons que le public de Racine a pu établir entre Titus et Louis XIV.
• Comparez l'attitude de Titus avec celle d'Auguste dans l'acte II, scène 2 de *Cinna* : le point de vue est-il le même ?
• Comment pourriez-vous caractériser le point de vue et le personnage de Paulin ?
• Paulin facilite l'intrusion du monde extérieur dans la conscience de Titus. On pourra commenter cette opinion du critique Roland Barthes : « Le monde racinien a en effet une fonction de jugement : il observe le héros et menace sans cesse de le censurer, en sorte que ce héros vit dans la panique du qu'en dira-t-on. Presque tous y succombent. » Ce jugement vous semble-t-il adapté à Titus ?

SCÈNE 3. TITUS, PAULIN, RUTILE.

RUTILE

Bérénice, Seigneur, demande à vous parler.

TITUS

Ah ! Paulin !

PAULIN

Quoi ! déjà vous semblez reculer ?
555 De vos nobles projets, Seigneur, qu'il vous souvienne[1] :
Voici le temps.

TITUS

Hé bien, voyons-la. Qu'elle vienne.

SCÈNE 4. BÉRÉNICE, TITUS, PAULIN, PHÉNICE.

BÉRÉNICE

Ne vous offensez pas si mon zèle indiscret[2]
De votre solitude interrompt le secret.
Tandis qu'autour de moi votre cour assemblée,
560 Retentit des bienfaits dont vous m'avez comblée,
Est-il juste, Seigneur, que seule en ce moment
Je demeure sans voix et sans ressentiment[3] !
Mais, Seigneur (car je sais que cet ami sincère
Du secret de nos cœurs connaît tout le mystère),
565 Votre deuil est fini, rien n'arrête vos pas,
Vous êtes seul enfin, et ne me cherchez pas.
J'entends[4] que vous m'offrez un nouveau diadème,

---

1. **Qu'il vous souvienne** : souvenez-vous.
2. **Indiscret** : inconsidéré.
3. **Ressentiment** : ici, reconnaissance, sentiment qui répond à une marque d'amitié ou de haine ; mais le mot a plus souvent le sens de « désir de vengeance ».
4. **J'entends** : j'entends dire (latinisme), j'apprends. Sens différent au vers 568, où « entendre » signifie « entendre parler ».

Et ne puis cependant vous entendre vous-même.
Hélas ! plus de repos, Seigneur, et moins d'éclat.
570 Votre amour ne peut-il paraître qu'au sénat ?
Ah ! Titus, car enfin l'amour fuit la contrainte
De tous ces noms[1] que suit[2] le respect et la crainte,
De quel soin votre amour va-t-il s'importuner ?
N'a-t-il que des États qu'il me puisse donner ?
575 Depuis quand croyez-vous que ma grandeur me touche ?
Un soupir, un regard, un mot de votre bouche,
Voilà l'ambition d'un cœur comme le mien.
Voyez-moi plus souvent, et ne me donnez rien.
Tous vos moments sont-ils dévoués à l'Empire ?
580 Ce cœur, après huit jours[3], n'a-t-il rien à me dire ?
Qu'un mot va rassurer mes timides esprits[4] !
Mais parliez-vous de moi quand je vous ai surpris ?
Dans vos secrets discours étais-je intéressée[5],
Seigneur ? Étais-je au moins présente à la pensée ?

TITUS

585 N'en doutez point, Madame ; et j'atteste les dieux
Que toujours Bérénice est présente à mes yeux.
L'absence ni le temps, je vous le jure encore,
Ne vous peuvent ravir[6] ce cœur qui vous adore.

BÉRÉNICE

Hé quoi ? vous me jurez une éternelle ardeur,
590 Et vous me la jurez avec cette froideur[7] ?
Pourquoi même du ciel attester la puissance ?
Faut-il par des serments vaincre ma défiance ?
Mon cœur ne prétend point, Seigneur, vous démentir,
Et je vous en croirai sur un simple soupir.

---

1. **Noms :** titres (et en particulier l'appellation de « Seigneur »).
2. **Suit :** accord avec le sujet le plus proche (latinisme).
3. **Après huit jours :** depuis huit jours que Vespasien est mort.
4. **Timides esprits :** esprit craintif.
5. **Intéressée :** présente (latinisme).
6. **Ne vous peuvent ravir :** ne peuvent vous ravir (voir v. 549).
7. Opposition à la rime d'« ardeur » et de « froideur ».

TITUS

595 Madame...

BÉRÉNICE

Hé bien, Seigneur ? Mais quoi ! sans me répondre
Vous détournez les yeux, et semblez vous confondre[1] !
Ne m'offrirez-vous plus qu'un visage interdit ?
Toujours la mort d'un père occupe[2] votre esprit ?
Rien ne peut-il charmer[3] l'ennui qui vous dévore ?

TITUS

600 Plût au ciel que mon père, hélas ! vécût encore !
Que je vivais heureux !

BÉRÉNICE

Seigneur, tous ces regrets
De votre piété[4] sont de justes effets.
Mais vos pleurs ont assez honoré sa mémoire :
Vous devez d'autres soins à Rome, à votre gloire :
De mon propre intérêt je n'ose vous parler.
605 Bérénice autrefois pouvait vous consoler :
Avec plus de plaisir vous m'avez écoutée.
De combien de malheurs pour vous persécutée,
Vous ai-je pour un mot sacrifié mes pleurs[5] !
610 Vous regrettez un père. Hélas ! faibles douleurs !
Et moi (ce souvenir me fait frémir encore)
On voulait m'arracher de tout ce que j'adore ;
Moi, dont vous connaissez le trouble et le tourment
Quand vous ne me quittez que pour quelque moment ;
615 Moi, qui mourrais le jour qu'on[6] voudrait m'interdire
De vous...

---

1. **Vous confondre :** être gagné par la confusion.
2. **Occupe :** possède (sens fort).
3. **Charmer :** apaiser par enchantement.
4. **Piété :** piété filiale.
5. **Vous ai-je... pleurs :** sur un mot de vous je cessais de pleurer.
6. **Qu'on :** où l'on (voir le vers 343).

Titus (Sami Frey) et Bérénice (Francine Bergé).
Mise en scène de Roger Planchon.
Décors et costumes de René Allio.
Théâtre Montparnasse, 1970.

TITUS

Madame, hélas ! que me venez-vous dire ?
Quel temps[1] choisissez-vous ? Ah ! de grâce, arrêtez.
C'est trop pour un ingrat[2] prodiguer vos bontés.

BÉRÉNICE

Pour un ingrat, Seigneur ! Et le pouvez-vous être ?
620 Ainsi donc mes bontés vous fatiguent peut-être ?

TITUS

Non, Madame. Jamais, puisqu'il faut vous parler,
Mon cœur de plus de feux ne se sentit brûler[3].
Mais...

BÉRÉNICE

Achevez...

TITUS

Hélas !

BÉRÉNICE

Parlez.

TITUS

Rome... L'Empire...

BÉRÉNICE

Hé bien ?

TITUS

Sortons, Paulin : je ne lui puis rien dire.

---

1. **Temps** : moment.
2. Le mot « ingrat » répond dans la bouche de Titus à la question posée
par Paulin au vers 526.
3. **De plus... brûler** : ne fut plus amoureux (métaphore précieuse, voir p. 222).

REPÈRES

• Quelle est la fonction de la scène 3 ?
• L'arrivée de Bérénice avait-elle été prévue au début de l'acte II ?
• L'action avance-t-elle dans la scène 4 ? Se développe-t-elle comme le spectateur aurait pu l'attendre ?

OBSERVATION

Une rencontre manquée
• La tirade de Bérénice (v. 557-584) : quels arguments emploie-t-elle pour tenter de convaincre Titus ? Ces arguments sont-ils d'ordre logique ou d'ordre affectif ? La tirade suit-elle un plan bien défini ? Avec quel vers le ton change-t-il ? Pourquoi utilise-t-elle aussi souvent l'interrogation ?
• Quelles expressions veulent prouver le caractère désintéressé de sa démarche ? Est-elle absolument honnête dans le vers 578 ? N'exige-t-elle pas tout, au contraire ?
• Analysez les expressions traduisant la gêne de Titus. Que pensez-vous de la longueur de ses répliques face à celles de Bérénice ? Qui parle le plus ?
• Relevez les divers procédés employés par Titus pour tenter de faire comprendre la situation à Bérénice. Montrez comment Bérénice interprète faussement les vers 600-601.
• Pourquoi le vers 615 fait-il basculer la scène dans un sens contraire à l'aveu envisagé par Titus ?
• Montrez que le mot « ingrat » (v. 618) est une des clés de la situation.
• Étudiez le rythme des répliques : comment passe-t-on d'une tirade longue (début de la scène) à des répliques courtes et hachées (fin de la scène) ?

INTERPRÉTATIONS

L'impossibilité de communiquer
• Comment imaginez-vous le jeu des acteurs interprétant Titus et Bérénice ?
• Dans la scène 4, Paulin reste muet ; il est pourtant présent et est évoqué par Bérénice aux vers 563-564 ; quel regard peut-il porter sur Titus ?

• La scène 4 marque au plus haut point la crise de communication vécue par Titus et Bérénice ; commentez l'opinion du critique Roland Barthes : « Pour pouvoir rompre avec Bérénice, Titus se fait aphasique, c'est-à-dire que, d'un même mouvement, il se dérobe et s'excuse. »
• Quels éléments rendent la scène 4 particulièrement cruelle et brutale ?

SCÈNE 5. BÉRÉNICE, PHÉNICE.

BÉRÉNICE

625 Quoi ! me quitter sitôt, et ne me dire rien ?
Chère Phénice, hélas ! quel funeste entretien !
Qu'ai-je fait ? Que veut-il ? Et que dit[1] ce silence ?

PHÉNICE

Comme vous je me perds d'autant plus que j'y pense[2].
Mais ne s'offre-t-il rien à votre souvenir
630 Qui contre vous, Madame, ait pu le prévenir[3] ?
Voyez, examinez.

BÉRÉNICE

Hélas ! tu peux m'en croire,
Plus je veux du passé rappeler la mémoire,
Du jour que je le vis jusqu'à ce triste jour,
Plus je vois qu'on me peut reprocher trop d'amour.
635 Mais tu nous entendais. Il ne faut rien me taire :
Parle. N'ai-je rien dit qui lui puisse déplaire ?
Que sais-je ? J'ai peut-être avec trop de chaleur
Rabaissé ses présents ou blâmé sa douleur.
N'est-ce point que de Rome il redoute la haine ?
640 Il craint peut-être, il craint d'épouser une reine.
Hélas ! s'il était vrai... Mais non, il a cent fois
Rassuré mon amour contre leurs[4] dures lois ;
Cent fois... Ah ! qu'il m'explique un silence si rude.
Je ne respire pas dans cette incertitude.
645 Moi, je vivrais, Phénice, et je pourrais penser
Qu'il me néglige, ou bien que j'ai pu l'offenser ?
Retournons sur ses pas. Mais quand je m'examine,
Je crois de ce désordre[5] entrevoir l'origine,
Phénice : il aura su tout ce qui s'est passé ;

---

1. **Dit** : signifie.
2. **Je me perds... pense** : je m'y perds encore plus à mesure que j'y pense.
3. **Prévenir** : influencer négativement par avance.
4. **Leurs** : des Romains (se rapporte à « Rome », vers 639).
5. **Ce désordre** : l'embarras de Titus.

650 L'amour d'Antiochus l'a peut-être offensé.
Il attend, m'a-t-on dit, le roi de Comagène ;
Ne cherchons point ailleurs le sujet de ma peine.
Sans doute ce chagrin[1] qui vient de m'alarmer
N'est qu'un léger soupçon facile à désarmer[2].
655 Je ne te vante point cette faible victoire,
Titus. Ah ! plût au ciel que, sans blesser ta gloire,
Un rival plus puissant voulût tenter ma foi[3]
Et pût mettre à mes pieds plus d'empires que toi ;
Que de sceptres sans nombre il pût payer ma flamme ;
660 Que ton amour n'eût rien à donner que ton âme !
C'est alors, cher Titus, qu'aimé, victorieux,
Tu verrais de quel prix ton cœur est à mes yeux.
Allons, Phénice, un mot pourra le satisfaire.
Rassurons-nous, mon cœur, je puis encor lui plaire.
665 Je me comptais trop tôt au rang des malheureux.
Si Titus est jaloux, Titus est amoureux.

---

1. **Chagrin :** ici, mauvaise humeur.
2. **Désarmer :** métaphore militaire qui se poursuit avec « victoire » (v. 655) et « victorieux » (v. 661). Il s'agit alors de la victoire de Titus, préféré par Bérénice à Antiochus et à des amoureux éventuels.
3. **Tenter ma foi :** éprouver ma fidélité.

REPÈRES

• La scène 5 est-elle indispensable à l'action ?
• Quel rôle la scène 5 joue-t-elle dans l'économie de l'acte ?

OBSERVATION

• Relevez, dans la scène 5, les expressions de Bérénice montrant qu'elle reproche à Titus son mutisme et son « silence ».
• Quand Bérénice s'adresse à Phénice (v. 625-627, v. 635-636), consi-dère-t-elle sa suivante comme une personne ou comme un simple reflet de ses préoccupations ? Commentez le « Parle » du vers 636.
• En quoi le vers 630 oriente-t-il Bérénice sur une fausse piste ?
• Dégagez les deux grands moments de la tirade de Bérénice (v. 631-666).
• Quels sentiments le style haché des vers 635-647 traduit-il ? Quelles sont les hypothèses successives proposées par Bérénice ? Pourquoi et comment les repousse-t-elle tour à tour ?
• Que signifie le vers 644 ?
• Montrez comment le ton change avec les vers 647-648.
• Quelle nouvelle hypothèse Bérénice envisage-t-elle dans les vers 649-654 ?
• Quelles expressions montrent aux vers 648, 650 et 653 que cette hypothèse est fragile ?
• L'hypothèse de la jalousie de Titus est-elle vraisemblable psycholo-giquement ? Quelles conclusions en tirer sur le caractère de Bérénice ?
• Dans les vers 656-662, étudiez les emplois du subjonctif imparfait et du conditionnel, qui permettent à Bérénice de reconstruire une réalité imaginaire. Étudiez l'emploi des pronoms personnels et des adjectifs possessifs qui tentent de réunir fictivement les deux person-nages de Titus et de Bérénice.
• Commentez le vers 666. Pourquoi est-il tragique ?

INTERPRÉTATIONS

Bérénice, ou l'art de se tromper soi-même
• Pourquoi cette scène tient-elle plutôt du monologue que du dialogue ?
• Comparez les illusions de Bérénice dans la scène 5 avec les illu-sions qu'elle entretenait dans la dernière scène de l'acte I.
• Quels peuvent être les sentiments du spectateur à l'égard de Bérénice ?

Le nœud de l'action

• On a pu dire que l'acte II était l'acte de Titus : sur un plan drama-tique, pourquoi ?

• Le nœud de l'action est le moment où, l'exposition étant complète, le conflit essentiel est désormais en place : quel est-il ? Dans quelle scène a-t-il été défini ?

• Montrez que l'action est bloquée par une contradiction fonda-mentale : Titus, seul moteur possible de l'action, n'agit pas, tandis que Bérénice tente de prendre l'initiative, mais ne peut rien.

• Quel rôle dramatique joue Paulin ?

• Pourquoi Antiochus n'apparaît-il pas sur scène ?

• Phénice est-elle une simple « utilité » ?

Les personnages

• Étudiez le personnage de Titus sous deux aspects : l'homme sensible et souffrant, à travers un vocabulaire précieux et galant ; et l'empereur plein de majesté. Selon vous, Titus est-il un personnage faible ?

• Comment évoluent les sentiments de Bérénice au cours des scènes 4 et 5 ? Le spectateur a-t-il de la sympathie pour elle ?

Les thèmes

• Comment s'exprime l'impossibilité de communiquer dans les domaines de la parole et du regard ?

• L'amour-passion est-il le même, selon qu'il est vécu par Titus ou par Bérénice ?

• Quelle interprétation contradictoire Titus et Bérénice donnent-ils de la mort de Vespasien ?

• Dans quelle scène apparaît une réflexion sur la politique ? Quelle est-elle ?

• Quels éléments donnent à l'acte II une tonalité tragique ? Pourquoi le dernier vers est-il particulièrement tragique ?

ACTE III

SCÈNE PREMIÈRE. TITUS, ANTIOCHUS, ARSACE.

TITUS

Quoi, Prince ? vous partiez[1] ? Quelle raison subite
Presse votre départ, ou plutôt votre fuite ?
Vouliez-vous me cacher jusques à[2] vos adieux ?
670 Est-ce comme ennemi que vous quittez ces lieux ?
Que diront, avec moi, la cour, Rome, l'Empire[3] ?
Mais, comme votre ami, que ne puis-je point dire ?
De quoi m'accusez-vous ? Vous avais-je sans choix
Confondu jusqu'ici dans la foule des rois[4] ?
675 Mon cœur vous fut ouvert tant qu'a vécu mon père :
C'était le seul présent que je pouvais vous faire ;
Et lorsque avec mon cœur ma main peut s'épancher[5],
Vous fuyez mes bienfaits tout prêts à vous chercher ?
Pensez-vous, qu'oubliant ma fortune[6] passée,
680 Sur ma seule grandeur j'arrête ma pensée,
Et que tous mes amis s'y présentent de loin
Comme autant d'inconnus dont je n'ai plus besoin ?
Vous-même, à mes regards qui vouliez vous soustraire[7],
Prince, plus que jamais vous m'êtes nécessaire.

ANTIOCHUS

685 Moi, Seigneur ?

---

1. Comme à l'acte II, Titus entame l'acte par des questions.
2. **Jusques à :** jusqu'à. (Forme ancienne très commode pour allonger le vers.)
3. **La cour, Rome, l'Empire :** gradation (voir p. 220).
4. **La foule des rois :** expression antithétique (voir p. 219).
5. **S'épancher :** répandre des bienfaits en abondance.
6. **Fortune :** situation voulue par le destin.
7. **Vous soustraire :** vous dérober (« à mes regards »). Expression mise en valeur par le rejet (voir p. 222).

TITUS

Vous.

ANTIOCHUS

Hélas ! d'un prince malheureux
Que pouvez-vous, Seigneur, attendre que des vœux[1] ?

TITUS

Je n'ai pas oublié, Prince, que ma victoire
Devait à vos exploits la moitié de sa gloire[2],
Que Rome vit passer au nombre des vaincus
690 Plus d'un captif chargé des fers d'Antiochus ;
Que dans le Capitole[3] elle voit attachées
Les dépouilles des Juifs par vos mains arrachées.
Je n'attends pas de vous de ces sanglants exploits,
Et je veux seulement emprunter votre voix.
695 Je sais que Bérénice, à vos soins redevable[4],
Croit posséder en vous un ami véritable :
Elle ne voit dans Rome et n'écoute que vous ;
Vous ne faites qu'un cœur et qu'une âme avec nous.
Au nom d'une amitié si constante et si belle,
700 Employez le pouvoir que vous avez sur elle :
Voyez-la de ma part.

ANTIOCHUS

Moi, paraître[5] à ses yeux ?
La reine pour jamais a reçu mes adieux.

TITUS

Prince, il faut que pour moi vous lui parliez encore.

---

1. **Que des vœux** : sinon des vœux (et non des actes).
2. **Gloire** : voir les vers 100 à 115. (Racine revient tout le temps sur les mêmes faits.)
3. **Capitole** : colline de Rome que gravissait le général romain vainqueur, lors de la cérémonie du triomphe, où l'on faisait défiler vaincus et dépouilles ennemies.
4. **À vos soins redevable** : reconnaissante de votre empressement.
5. **Paraître** : apparaître, être vu, alors que jusqu'ici Bérénice semblait ne jamais le voir.

ANTIOCHUS

Ah ! parlez-lui, Seigneur. La reine vous adore.
705 Pourquoi vous dérober vous-même en ce moment
Le plaisir de lui faire un aveu si charmant ?
Elle l'attend, Seigneur, avec impatience.
Je réponds, en partant, de son obéissance ;
Et même elle m'a dit que, prêt à l'épouser,
710 Vous ne la verrez plus que pour l'y disposer[1].

TITUS

Ah ! qu'un aveu si doux aurait lieu de me plaire !
Que je serais heureux si j'avais à le faire !
Mes transports aujourd'hui s'attendaient d'éclater[2],
Cependant aujourd'hui, Prince, il faut la quitter.

ANTIOCHUS

715 La quitter ! Vous, Seigneur ?

TITUS

                    Telle est ma destinée,
Pour elle et pour Titus il n'est plus d'hyménée[3].
D'un espoir si charmant je me flattais en vain :
Prince, il faut avec vous qu'elle parte demain.

ANTIOCHUS

Qu'entends-je ? Ô ciel !

TITUS

                    Plaignez ma grandeur importune.
720 Maître de l'univers, je règle sa[4] fortune ;
Je puis faire les rois, je puis les déposer ;
Cependant de mon cœur je ne puis disposer ;
Rome, contre les rois de tout temps soulevée,
Dédaigne une beauté dans la pourpre[5] élevée :
725 L'éclat du diadème et cent rois pour aïeux

---

1. Rappel des vers 175 à 177.
2. **D'éclater :** à éclater.
3. **Hyménée :** mariage.
4. **Sa :** de l'univers.
5. **La pourpre :** ici, symbole de la royauté.

Déshonorent ma flamme[1] et blessent tous les yeux.
Mon cœur, libre d'ailleurs[2], sans craindre les murmures[3],
Peut brûler à son choix dans des flammes obscures[4],
Et Rome avec plaisir recevrait de ma main
730 La moins digne beauté qu'elle cache en son sein.
Jules[5] céda lui-même au torrent qui m'entraîne.
Si le peuple demain ne voit partir la reine,
Demain elle entendra ce peuple furieux
Me venir demander son départ à ses yeux[6].
735 Sauvons de cet affront mon nom et sa mémoire ;
Et, puisqu'il faut céder, cédons à notre gloire.
Ma bouche et mes regards, muets depuis huit jours[7],
L'auront pu préparer à ce triste discours :
Et même en ce moment, inquiète, empressée,
740 Elle veut qu'à ses yeux j'explique ma pensée.
D'un amant interdit soulagez le tourment :
Épargnez à mon cœur cet éclaircissement.
Allez, expliquez-lui mon trouble et mon silence ;
Surtout, qu'elle me laisse éviter sa présence :
745 Soyez le seul témoin de ses pleurs et des miens ;
Portez-lui mes adieux, et recevez les siens.
Fuyons tous deux, fuyons un spectacle funeste
Qui de notre constance accablerait le reste.
Si l'espoir de régner et de vivre en mon cœur
750 Peut de son infortune adoucir la rigueur,
Ah ! Prince ! jurez-lui que, toujours trop fidèle,
Gémissant dans ma cour, et plus exilé qu'elle,

---

1. **Déshonorent ma flamme** : sont un déshonneur pour mon amour.
2. **D'ailleurs** : par ailleurs.
3. **Murmures** : bruits de protestation (sens fort).
4. **Obscures** : de basse condition, modestes.
5. **Jules** : César (voir v. 387 et suivants).
6. **Ses yeux** : ceux du peuple ou bien ceux de Bérénice (sens plus probable).
7. **Huit jours** : voir le vers 580.

Portant[1] jusqu'au tombeau le nom de son amant,
Mon règne ne sera qu'un long bannissement,
755 Si le ciel, non content de me l'avoir ravie,
Veut encor m'affliger par une longue vie[2].
Vous, que l'amitié seule attache sur ses pas,
Prince, dans son malheur ne l'abandonnez pas.
Que l'Orient vous voie arriver à sa suite ;
760 Que ce soit un triomphe, et non pas une fuite ;
Qu'une amitié si belle ait d'éternels liens ;
Que mon nom soit toujours dans tous vos entretiens.
Pour rendre vos États plus voisins l'un de l'autre,
L'Euphrate bornera son empire et le vôtre[3].
765 Je sais que le sénat, tout plein de votre nom,
D'une commune voix confirmera ce don.
Je joins la Cilicie[4] à votre Comagène.
Adieu. Ne quittez point ma princesse, ma reine,
Tout ce qui de mon cœur fut l'unique désir,
770 Tout ce que j'aimerai jusqu'au dernier soupir.

---

1. **Gémissant... exilé... portant :** apposés au pronom « je », sous-entendu dans « mon règne » (v. 754).
2. **Longue vie :** Titus a régné peu de temps (79-81), il avait 41 ans à sa mort.
3. L'Euphrate constituera la frontière (« bornera ») commune des deux royaumes avec les Parthes, puisque Titus veut donner la Syrie à Bérénice (v. 172). Voir carte p. 214.
4. **La Cilicie :** province romaine située à l'ouest de la Comagène et sur les bords de la Méditerranée.

Repères

- Combien de temps a pu s'écouler entre l'acte II et l'acte III ?
- Quel est l'intérêt de faire figurer Titus au début de l'acte III ?
- Pour les trois personnages principaux, nous avons déjà vu les configurations Antiochus-Bérénice et Titus-Bérénice. Pourquoi est-il indispensable d'avoir maintenant la troisième figure : Titus-Antiochus ?

Observation

- Quels termes expriment l'amitié de Titus pour Antiochus (v. 667-684) ? Cette amitié est-elle désintéressée ?
- Comment Titus cherche-t-il à gagner la confiance d'Antiochus (v. 687-696) ? Définit-il justement la relation du roi et de Bérénice (v. 695-701) ?
- Expliquez l'importance du verbe « paraître » au v. 701.
- Pourquoi les vers 701-719 deviennent-ils plus animés ?
- Les vers 721-736 exposent l'hostilité de Rome aux rois : vous comparerez ces vers avec l'exposé du même thème par Paulin (v. 371-419) : s'agit-il d'une simple redite ?
- Quels termes développent le double thème de la fuite et de l'exil (v. 747-760) ?
- Quelles consolations Titus propose-t-il pour Bérénice (v. 759-770) ? Quels procédés rhétoriques donnent à ces vers l'emphase nécessaire pour sceller la double destinée de Bérénice et de Titus ?

Interprétations

Antiochus, l'instrument de Titus

- Pourquoi les rapports de Titus et d'Antiochus sont-ils faussés d'avance ?
- Étudiez les deux thèmes conjugués du regard et de la voix (v. 725-741), puis celui de l'absence (v. 754 par exemple).
- Titus emploie des termes cornéliens (« gloire », « mémoire », « maître de l'univers », «triomphe »). Pourquoi cependant sa tirade n'a-t-elle pas véritablement d'accents cornéliens ?

SCÈNE 2. ANTIOCHUS, ARSACE.

ARSACE

Ainsi le ciel s'apprête à vous rendre justice :
Vous partirez, Seigneur, mais avec Bérénice.
Loin de vous la ravir, on va vous la livrer.

ANTIOCHUS

Arsace, laisse-moi le temps de respirer.
775 Ce changement est grand, ma surprise est extrême.
Titus entre mes mains remet tout ce qu'il aime !
Dois-je croire, grands dieux ! ce que je viens d'ouïr[1] ?
Et quand je le croirais, dois-je m'en réjouir ?

ARSACE

Mais, moi-même, Seigneur, que faut-il que je croie ?
780 Quel obstacle nouveau s'oppose à votre joie ?
Me trompiez-vous tantôt au sortir de ces lieux,
Lorsque encor tout ému de vos derniers adieux,
Tremblant d'avoir osé s'expliquer devant elle,
Votre cœur me contait son audace nouvelle ?
785 Vous fuyiez un hymen qui vous faisait trembler.
Cet hymen est rompu : quel soin peut vous troubler ?
Suivez les doux transports où[2] l'amour vous invite.

ANTIOCHUS

Arsace, je me vois chargé de sa conduite[3],
Je jouirai longtemps de ses chers entretiens,
790 Ses yeux même pourront s'accoutumer aux miens ;
Et peut-être son cœur fera la différence
Des froideurs de Titus à ma persévérance.
Titus m'accable ici du poids de sa grandeur :
Tout disparaît dans Rome auprès de sa splendeur ;

---

1. **Ouïr** : entendre.
2. **Où** : auxquels. « Où » peut s'employer au XVIIᵉ siècle avec un antécédent abstrait.
3. **De sa conduite** : de la reconduire en Orient.

795 Mais, quoique l'Orient soit plein de sa mémoire,
Bérénice y verra des traces de ma[1] gloire.

ARSACE

N'en doutez point, Seigneur, tout succède[2] à vos vœux.

ANTIOCHUS

Ah ! que nous nous plaisons à nous tromper tous deux !

ARSACE

Et pourquoi nous tromper[3] ?

ANTIOCHUS

                                    Quoi ! je lui pourrais plaire ?
800 Bérénice à mes vœux ne serait plus contraire ?
Bérénice d'un mot flatterait[4] mes douleurs ?
Penses-tu seulement que, parmi ses malheurs,
Quand l'univers entier négligerait ses charmes
L'ingrate me permît de lui donner des larmes[5],
805 Ou qu'elle s'abaissât jusques à recevoir[6]
Des soins qu'à mon amour elle croirait devoir ?

ARSACE

Et qui peut mieux que vous consoler sa disgrâce[7] ?
Sa fortune, Seigneur, va prendre une autre face.
Titus la quitte.

ANTIOCHUS

                        Hélas ! de ce grand changement
810 Il ne me reviendra que le nouveau tourment
D'apprendre par ses pleurs à quel point elle l'aime :
Je la verrai gémir ; je la plaindrai moi-même.

---

1. **Ma** : opposition à « sa » (v. 793 à 795).
2. **Succède** : réussit.
3. **Pourquoi nous tromper** : pourquoi dire « nous tromper » (ellipse, voir p. 220).
4. **Flatterait** : apaiserait mensongèrement.
5. **Lui donner des larmes** : verser des larmes pour elle.
6. **Recevoir** : accepter.
7. **Disgrâce** : malheur.

Pour fruit[1] de tant d'amour, j'aurai le triste emploi
De recueillir des pleurs qui ne sont pas pour moi.

ARSACE

815 Quoi ? ne vous plairez-vous qu'à vous gêner[2] sans cesse ?
Jamais dans un grand cœur vit-on plus de faiblesse ?
Ouvrez les yeux, Seigneur, et songeons entre nous
Par combien de raisons Bérénice est à vous.
Puisque aujourd'hui Titus ne prétend plus lui plaire,
820 Songez que votre hymen lui devient nécessaire.

ANTIOCHUS

Nécessaire !

ARSACE

À ses pleurs accordez quelques jours ;
De ses premiers sanglots laissez passer le cours :
Tout parlera pour vous, le dépit, la vengeance,
L'absence[3] de Titus, le temps, votre présence,
825 Trois sceptres[4] que son bras ne peut seul soutenir,
Vos deux États voisins qui cherchent à s'unir.
L'intérêt, la raison, l'amitié, tout vous lie.

ANTIOCHUS

Oui, je respire, Arsace, et tu me rends la vie :
J'accepte avec plaisir un présage si doux.
830 Que[5] tardons-nous ? Faisons ce qu'on attend de nous.
Entrons chez Bérénice ; et, puisqu'on nous l'ordonne,
Allons lui déclarer que Titus l'abandonne.
Mais plutôt demeurons. Que faisais-je ? Est-ce à moi,
Arsace, à me charger de ce cruel emploi ?
835 Soit vertu, soit amour, mon cœur s'en effarouche.
L'aimable Bérénice entendrait de ma bouche

---

1. **Fruit** : conséquence.
2. **Gêner** : torturer (antithèse avec « plairez », voir p. 219).
3. **Absence** : repris en fin de vers par « présence ».
4. **Trois sceptres** : les trois royaumes réunis par Titus en faveur de Bérénice (voir les vers 172 et 767).
5. **Que** : pourquoi.

Qu'on l'abandonne ! Ah ! Reine ! Et qui l'aurait pensé,
Que ce mot dût jamais vous être prononcé[1] !

ARSACE

La haine sur Titus tombera tout entière.
840 Seigneur, si vous parlez, ce n'est qu'à sa prière.

ANTIOCHUS

Non, ne la voyons point. Respectons sa douleur :
Assez d'autres viendront lui conter son malheur.
Et ne la crois-tu pas assez infortunée
D'apprendre à quel mépris Titus l'a condamnée,
845 Sans lui donner encor le déplaisir fatal
D'apprendre ce mépris par son propre rival ?
Encore un coup, fuyons ; et par cette nouvelle
N'allons point nous charger d'une haine immortelle.

ARSACE

Ah ! la voici, Seigneur ; prenez votre parti.

ANTIOCHUS

850 Ô ciel[2] !

---

1. Effets de rejets et de contre-rejets (voir p. 222) dans les vers 833 à 838.
2. Même situation que celle de Titus au vers 554.

REPÈRES

• La scène 2 est-elle indispensable à l'action ? Quel est son rôle ?
• En quoi cette scène est-elle une scène intermédiaire ?

OBSERVATION

• Quel est l'intérêt du verbe « respirer » (v. 774) ? En quoi caracté-rise-t-il la scène 2 ?
• Dans les vers 771-797, montrez comment le thème de la joie prend la place de celui des pleurs : comment est-il perçu de manière diffé-rente par Antiochus et par Arsace ? Commentez le vers 790.
• Dans les vers 798-814, recherchez les vers qui expriment la luci-dité d'Antiochus. Pourquoi avons-nous autant d'interrogations ? Relevez les termes qui réintroduisent le thème du malheur.
• Les vers 815-827 montrent le réalisme et le pragmatisme d'Arsace : analysez sa conception du temps, ainsi que les procédés rhétoriques qu'il emploie pour convaincre.
• Les vers 828-850 sont placés sous le signe des dernières hésitations d'Antiochus : quels en sont les mouvements successifs ? Quelle objection majeure Antiochus envisage-t-il dans les vers 833-837 : ce point de vue sera-t-il justifié par la scène 3 ? Quels éléments stylis-tiques traduisent son émotion ?
• Dans les vers 790, 812 et 817, montrez que les deux personnages ont une conception très différente du regard.

INTERPRÉTATIONS

Les hésitations d'Antiochus
• Arsace est-il un confident sans consistance ou a-t-il une personnalité ?
• La scène 2 suit les hésitations d'Antiochus : l'action évolue-t-elle selon le plan prévu par Titus ?
• À la fin de la scène 2, quelle décision a prise Antiochus ? Est-ce une forme de lâcheté ?
• Imaginez les jeux de scène qui pourront rendre les mouvements de va-et-vient d'Antiochus et les assauts contradictoires d'Arsace.

Scène 3. Bérénice, Antiochus, Arsace, Phénice.

BÉRÉNICE

Hé quoi ! Seigneur ! vous n'êtes point parti ?

ANTIOCHUS

Madame, je vois bien que vous êtes déçue,
Et que c'était César que cherchait votre vue.
Mais n'accusez que lui, si, malgré mes adieux,
De ma présence encor j'importune vos yeux.
855 Peut-être en ce moment je serais dans Ostie,
S'il ne m'eût de sa cour défendu la sortie.

BÉRÉNICE

Il vous cherche vous seul. Il nous évite tous[1].

ANTIOCHUS

Il ne m'a retenu que pour parler de vous.

BÉRÉNICE

De moi, Prince ?

ANTIOCHUS

Oui, Madame.

BÉRÉNICE

Et qu'a-t-il pu vous dire ?

ANTIOCHUS

860 Mille autres mieux que moi pourront vous en instruire.

BÉRÉNICE

Quoi ! Seigneur...

ANTIOCHUS

Suspendez votre ressentiment.
D'autres, loin de se taire en ce même moment,
Triompheraient peut-être, et, pleins de confiance,
Céderaient avec joie à votre impatience ;
865 Mais moi, toujours tremblant, moi, vous le savez bien,
À qui votre repos est plus cher que le mien,

---

1. Effets d'oppositions et de sonorités dans ce vers.

Phénice (Catherine Samie), Bérénice (Ludmila Mikaël)
et Antiochus (Marcel Bozonnet).
Mise en scène de K. M. Grüber. Comédie-Française, 1984.

Pour ne le point troubler, j'aime mieux vous déplaire,
Et crains votre douleur plus que votre colère.
Avant la fin du jour vous me justifirez[1].
870 Adieu, Madame.

BÉRÉNICE

Ô ciel ! quel discours ! Demeurez,
Prince, c'est trop cacher mon trouble à votre vue :
Vous voyez devant vous une reine éperdue,
Qui, la mort dans le sein, vous demande deux mots.
Vous craignez, dites-vous, de troubler mon repos ;
875 Et vos refus cruels, loin d'épargner ma peine,

---

1. **Vous me justifirez** : vous me rendrez raison ; la licence orthographique
était admise et justifiée par l'obtention du nombre de pieds nécessaires.

Excitent ma douleur, ma colère, ma haine[1].
Seigneur, si mon repos vous est si précieux,
Si moi-même jamais je fus chère à vos yeux,
Éclaircissez le trouble où vous voyez mon âme.
880 Que vous a dit Titus ?

ANTIOCHUS
Au nom des dieux, Madame...

BÉRÉNICE
Quoi ! vous craignez si peu de me désobéir ?

ANTIOCHUS
Je n'ai qu'à vous parler pour me faire haïr.

BÉRÉNICE
Je veux que vous parliez.

ANTIOCHUS
Dieux ! quelle violence !
Madame, encore un coup, vous loûrez[2] mon silence.

BÉRÉNICE
885 Prince, dès ce moment contentez mes souhaits,
Ou soyez de ma haine assuré pour jamais.

ANTIOCHUS
Madame, après cela, je ne puis plus me taire.
Hé bien, vous le voulez, il faut vous satisfaire.
Mais ne vous flattez point : je vais vous annoncer
890 Peut-être des malheurs où[3] vous n'osez penser.
Je connais votre cœur : vous devez vous attendre
Que je le vais frapper[4] par l'endroit le plus tendre.
Titus m'a commandé...

BÉRÉNICE
Quoi ?

---

1. **Douleur... haine :** gradation (voir p. 220).
2. **Vous loûrez :** vous louerez (même remarque qu'au vers 869).
3. **Où :** auxquels (même remarque qu'au vers 787).
4. **Que je le vais frapper :** à ce que je le frappe.

ANTIOCHUS
                    De vous déclarer
Qu'à jamais l'un de l'autre il faut vous séparer.

BÉRÉNICE
895 Nous séparer ? Qui ? Moi ? Titus de Bérénice !

ANTIOCHUS
Il faut que devant vous je lui rende justice :
Tout ce que dans un cœur sensible et généreux[1]
L'amour au désespoir peut rassembler d'affreux,
Je l'ai vu dans le sien. Il pleure, il vous adore.
900 Mais enfin que lui sert de vous aimer encore ?
Une reine est suspecte à l'Empire romain.
Il faut vous séparer[2], et vous partez demain.

BÉRÉNICE
Nous séparer[3] ! Hélas ! Phénice !

PHÉNICE
                              Hé bien, Madame,
Il faut ici montrer la grandeur de votre âme.
905 Ce coup sans doute est rude, il doit vous étonner[4].

BÉRÉNICE
Après tant de serments, Titus m'abandonner !
Titus qui me jurait... Non, je ne le puis croire :
Il ne me quitte point, il y va de sa gloire.
Contre son innocence[5] on veut me prévenir.
910 Ce piège n'est tendu que pour nous désunir.
Titus m'aime. Titus ne veut point que je meure.
Allons le voir : je veux lui parler tout à l'heure[6].
Allons.

---

1. **Généreux :** plein de noblesse.
2. **Vous séparer :** reprise du vers 894.
3. **Nous séparer :** reprise du vers 895.
4. **Étonner :** frapper de stupeur.
5. **Son innocence :** le fait qu'il n'agit pas contre moi.
6. **Tout à l'heure :** tout de suite.

ANTIOCHUS

Quoi ? vous pourriez ici me regarder...

BÉRÉNICE

Vous le souhaitez trop pour me persuader.

915 Non, je ne vous crois point. Mais, quoi qu'il en puisse être,
Pour jamais à mes yeux gardez-vous de paraître[1].

(À Phénice.)

Ne m'abandonne pas dans l'état où je suis.

Hélas ! pour me tromper je fais ce que je puis.

SCÈNE 4. ANTIOCHUS, ARSACE.

ANTIOCHUS

Ne me trompé-je point ? L'ai-je bien entendue ?

920 Que je me garde, moi, de paraître à sa vue ?
Je m'en garderai bien. Et ne partais-je pas,
Si Titus malgré moi n'eût arrêté mes pas ?
Sans doute il faut partir[2]. Continuons[3], Arsace.
Elle croit m'affliger : sa haine me fait grâce[4].

925 Tu me voyais tantôt[5] inquiet, égaré :
Je partais amoureux, jaloux, désespéré ;
Et maintenant, Arsace, après cette défense,
Je partirai peut-être avec indifférence.

ARSACE

Moins que jamais, Seigneur, il faut vous éloigner.

ANTIOCHUS

930 Moi ! je demeurerai pour me voir dédaigner ?
Des froideurs de Titus je serai responsable[6] ?

---

1. **Paraître** : rappel du vers 701.
2. Variante (édition de 1671) : « Allons, il faut partir. »
3. **Continuons** : persévérons dans notre décision.
4. **Grâce** : une faveur.
5. **Tantôt** : tout à l'heure.
6. **Responsable** : tenu pour responsable.

Je me verrai puni parce qu'il est coupable ?
Avec quelle injustice et quelle indignité
Elle doute à mes yeux de ma sincérité !
935 Titus l'aime, dit-elle, et moi je l'ai trahie.
L'ingrate ! m'accuser de cette perfidie !
Et dans quel temps encor ? dans le moment fatal
Que[1] j'étale à ses yeux les pleurs de mon rival ;
Que pour la consoler je le faisais paraître
940 Amoureux et constant plus qu'il ne l'est peut-être.

ARSACE

Et de quel soin, Seigneur, vous allez-vous troubler ?
Laissez à ce torrent le temps de s'écouler :
Dans huit jours, dans un mois[2], n'importe, il faut qu'il

[passe.

Demeurez seulement.

ANTIOCHUS

Non, je la quitte, Arsace.
945 Je sens qu'à sa douleur je pourrais compatir ;
Ma gloire, mon repos, tout m'excite à partir.
Allons ; et de si loin évitons la cruelle,
Que de longtemps, Arsace, on ne nous parle d'elle.
Toutefois il nous reste encore assez de jour :
950 Je vais dans mon palais attendre ton retour.
Va voir si la douleur ne l'a point trop saisie.
Cours ; et partons du moins assurés de sa vie[3].

---

1. **Que :** où.
2. Le vers 1113 s'opposera au vers 943.
3. **Assurés de sa vie :** certains qu'elle ne va pas se suicider.

Repères

• C'est la deuxième fois dans la pièce que Racine nous livre un face-à-face entre Antiochus et Bérénice. Les circonstances sont-elles les mêmes ? Quels éléments fondamentaux ont changé ?
• En quoi la scène 3 est-elle l'aboutissement de toutes les scènes qui ont précédé ?

Observation

• Pourquoi les vers 893-894 sont-ils le point central de la scène 3 ?
• Dans les vers 850-870, recherchez toutes les formules exprimant le désir qu'a Antiochus de ne pas révéler la vérité à Bérénice. Quelles expressions sont ambiguës et peuvent être interprétées faussement par Bérénice ? Quels propos sont cependant menaçants pour la reine ?
• Dans ces mêmes vers 850-870, Bérénice parle-t-elle beaucoup ? Quelles sont les caractéristiques des phrases qu'elle emploie ?
• Dans les vers 870-893, quels sont les arguments employés par Bérénice pour engager Antiochus à lui dire la vérité ? À quel chantage se livre-t-elle pour obtenir des révélations ? Quel mot déterminera Antiochus à parler ?
• Dans ces mêmes vers, Antiochus est-il lucide quant aux réactions de Bérénice ? Quels mots expriment la souffrance qu'il envisage pour la reine ?
• Dans la dernière partie de la scène (v. 893-918), quelles sont les réactions successives de Bérénice ? Par quels procédés stylistiques Racine rend-il sensible son effondrement ? Accepte-t-elle la vérité ? Comparez les vers 911-912 aux vers 917-918.
• Vous rechercherez, dans la scène 3, les occurrences des termes exprimant la vision et vous analyserez comment les trois personnages principaux se livrent à un jeu de cache-cache.
• Cherchez, dans la scène 4, tous les termes qui traduisent l'envie de partir d'Antiochus. Quels mots et quels procédés stylistiques expriment son indignation ? Commentez le vers 945, significatif du caractère d'Antiochus. Quelle décision prend-il, à la fin de la scène ?

INTERPRÉTATIONS

Un moment central pour la pièce
• Montrez que la scène 3 est un moment central, tant par sa place dans l'acte III que par son importance pour l'action.
• À votre avis, qui, de Bérénice ou d'Antiochus, souffre le plus ? Pourquoi ?
• C'est Bérénice qui était sur scène à la fin des actes I et II ; pourquoi n'est-ce plus le cas à la fin de l'acte III ?

Action

L'acte où tout bascule

• En quoi l'action a-t-elle considérablement évolué par rapport à l'acte I et au début de l'acte II ? Quel élément nouveau a fait basculer l'action ?

• Comparez la structure de l'acte III avec celle de l'acte II : montrez comment ces deux actes sont fondés sur la présence prolongée sur scène d'un personnage masculin, que vient troubler l'irruption de Bérénice.

• À la fin de l'acte III, l'action a-t-elle pris un tour définitif, ou peut-elle encore changer de sens ? Quel dénouement le spectateur imagine-t-il ?

Personnages

• Quel personnage est constamment sur scène pendant tout l'acte III ? Est-il cependant le personnage auquel nous prêtons le plus d'attention ? Quel rôle assume-t-il par rapport à Titus et à Bérénice ?

• Retracez le cheminement psychologique d'Antiochus au cours de l'acte III. Montrez que les événements se passent toujours contre sa volonté. Ses hésitations n'empêchent pas sa lucidité : quelles réactions de Bérénice avait-il prévues ?

• Le thème de la vue est essentiel dans le théâtre de Racine : analysez la façon dont Antiochus voit Bérénice pendant l'acte III et la façon dont il est vu par elle. Y a-t-il réciprocité dans leur façon de voir ?

• Bérénice a-t-elle changé depuis l'acte II ? Comparez son état physique et moral à celui qui était le sien à la fin de l'acte I.

• Arsace est-il un confident sans personnalité ? Montrez que, comme beaucoup de confidents de Racine, il cherche à gagner du temps.

• Titus n'est présent que dans la première scène, puis il s'efface : Antiochus a-t-il rempli la mission qu'il lui avait confiée ?

Julia Bartet (1854-1941) dans le rôle de Bérénice,
qu'elle joua 82 fois à la Comédie-Française, de 1893 à 1920.
Costume dessiné par Gustave Moreau.
Bibliothèque de l'Arsenal, fonds Rondel.

ACTE IV

SCÈNE PREMIÈRE. BÉRÉNICE, *seule*.

Phénice ne vient point ? Moments trop rigoureux,
Que vous paraissez lents à mes rapides vœux !
955 Je m'agite, je cours, languissante, abattue ;
La force m'abandonne, et le repos[1] me tue.
Phénice ne vient point. Ah ! que cette longueur
D'un présage[2] funeste épouvante mon cœur !
Phénice n'aura point de réponse à me rendre.
960 Titus, l'ingrat Titus n'a point voulu l'entendre ;
Il fuit, il se dérobe à ma juste fureur.

SCÈNE 2. BÉRÉNICE, PHÉNICE.

BÉRÉNICE

Chère Phénice, hé bien ! as-tu vu l'empereur ?
Qu'a-t-il dit ? Viendra-t-il ?

PHÉNICE

Oui, je l'ai vu, Madame,
Et j'ai peint à ses yeux le trouble de votre âme.
965 J'ai vu couler des pleurs qu'il voulait retenir.

BÉRÉNICE

Vient-il ?

PHÉNICE

N'en doutez point, Madame, il va venir.
Mais voulez-vous paraître en ce désordre extrême ?
Remettez-vous, Madame, et rentrez en vous-même.

---

1. **Repos** : absence d'occupation.
2. **Présage** : complément du verbe « épouvante ».

Laissez-moi relever ces voiles détachés,
970 Et ces cheveux épars dont vos yeux sont cachés.
Souffrez que de vos pleurs je répare l'outrage.

BÉRÉNICE

Laisse, laisse, Phénice, il verra son ouvrage.
Et que m'importe, hélas ! de[1] ces vains ornements ?
Si ma foi, si mes pleurs, si mes gémissements,
975 Mais que dis-je, mes pleurs ? si ma perte certaine,
Si ma mort toute prête enfin ne le ramène,
Dis-moi, que produiront tes secours superflus,
Et tout ce faible éclat[2] qui ne le touche plus ?

PHÉNICE

Pourquoi lui faites-vous cet injuste[3] reproche ?
980 J'entends du bruit, Madame, et l'empereur s'approche.
Venez, fuyez la foule, et rentrons[4] promptement :
Vous l'entretiendrez seul dans votre appartement.

SCÈNE 3. TITUS, PAULIN, SUITE.

TITUS

De la reine, Paulin, flattez l'inquiétude :
Je vais la voir. Je veux un peu de solitude.
985 Que l'on me laisse.

PAULIN

Ô ciel ! que je crains ce combat !
Grands dieux, sauvez sa gloire et l'honneur de l'État !
Voyons la reine.

---

1. **Que m'importe... de** : construction fréquente au XVIIe siècle pour « que m'importe ».
2. **Éclat** : éclat de ma beauté.
3. **Injuste** : allusion au vers 965.
4. **Rentrons** : jeu de scène voulu pour permettre le monologue de Titus (sc. 4).

Repères

• Combien de temps a pu s'écouler entre l'acte III et l'acte IV ?

• Chaque personnage principal bénéficie d'un monologue dans la pièce. Pourquoi celui de Bérénice est-il aussi court ?

• Logiquement, Bérénice devrait se retrouver face à Titus après la scène 2. Quel est le procédé utilisé par Racine pour que celui-ci se retrouve seul sur scène ?

• Quelle est l'utilité des scènes 1, 2 et 3 ? En quoi l'action progresse-t-elle ?

Observation

• Étudiez les procédés stylistiques exprimant l'agitation de Bérénice dans la scène 1.

• Contre qui Bérénice tourne-t-elle sa colère dans la scène 1 ?

• Relevez les détails physiques (généralement très rares dans les tragédies classiques et chez Racine) qui décrivent l'état de Bérénice dans la scène 2. Dans quelle autre pièce de Racine avons-nous le même effet ?

• Étudiez les procédés stylistiques exprimant le trouble extrême de Bérénice dans la scène 2.

• Quels mots traduisent dans la scène 3 l'état d'esprit des deux personnages ?

Interprétations

Désordre et désespoir

• L'enchaînement des scènes 1, 2 et 3 est-il invraisemblable, ou se justifie-t-il psychologiquement et dramatiquement ?

• Analysez l'évolution qui a conduit Bérénice du souci de sa grandeur, au début de la pièce (I, 4 et 5, et II, 4), au « désordre » (v. 967) de la scène 2 ; que traduit cette évolution ?

• Les auteurs classiques souhaitaient que les scènes soient liées entre elles. Ils admettaient essentiellement une liaison de présence (un même personnage reste sur le plateau dans deux scènes successives), une liaison de recherche ou de fuite (un personnage quitte la scène tandis qu'un autre arrive) et, accessoirement, une liaison de bruit (un personnage quitte la scène parce qu'il entend un bruit). Quels types de liaisons pouvons-nous envisager ici et quels sont les effets produits ?

SCÈNE 4. TITUS, *seul.*

        Hé bien, Titus, que viens-tu faire ?
Bérénice t'attend. Où viens-tu, téméraire[1] ?
Tes adieux sont-ils prêts ? T'es-tu bien consulté ?
990 Ton cœur te promet-il assez de cruauté ?
Car enfin au combat qui pour toi se prépare
C'est peu d'être constant[2], il faut être barbare.
Soutiendrai-je ces yeux dont la douce langueur
Sait si bien découvrir les chemins de mon cœur ?
995 Quand je verrai ces yeux armés de tous leurs charmes,
Attachés sur les miens, m'accabler de leurs larmes,
Me souviendrai-je alors de mon triste devoir ?
Pourrai-je dire enfin : « Je ne veux plus vous voir » ?
Je viens percer un cœur qui m'adore, qui m'aime.
1000 Et pourquoi le percer ? Qui l'ordonne ? Moi-même ;
Car enfin Rome a-t-elle expliqué ses souhaits ?
L'entendons-nous crier autour de ce palais ?
Vois-je l'État penchant au bord du précipice ?
Ne le puis-je sauver que par ce sacrifice ?
1005 Tout se tait ; et moi seul, trop prompt à me troubler,
J'avance des malheurs que je puis reculer.
Et qui sait si, sensible aux vertus de la reine,
Rome ne voudra point l'avouer[3] pour Romaine ?
Rome peut par son choix justifier[4] le mien.
1010 Non, non, encore un coup, ne précipitons rien.
Que Rome avec ses lois mette dans la balance
Tant de pleurs, tant d'amour, tant de persévérance :
Rome sera pour nous. Titus, ouvre les yeux !
Quel air respires-tu ? N'es-tu pas dans ces lieux

---

1. **Téméraire :** inconscient du danger.
2. **Constant :** ferme dans sa décision.
3. **L'avouer :** la reconnaître.
4. **Justifier :** rendre conforme aux lois.

1015 Où la haine des rois, avec le lait sucée[1],
Par crainte ou par amour ne peut être effacée ?
Rome jugea ta reine en condamnant ses rois.
N'as-tu pas en naissant entendu cette voix ?
Et n'as-tu pas encore ouï la renommée
1020 T'annoncer ton devoir jusque dans ton armée ?
Et lorsque Bérénice arriva sur tes pas,
Ce que Rome en jugeait, ne l'entendis-tu pas ?
Faut-il donc tant de fois te le faire redire ?
Ah ! lâche ! fais l'amour[2], et renonce à l'empire.
1025 Au bout de l'univers va, cours te confiner,
Et fais place à des cœurs plus dignes de régner.
Sont-ce là ces projets de grandeur et de gloire
Qui devaient dans les cœurs consacrer ma mémoire ?
Depuis huit jours je règne, et jusques à ce jour,
1030 Qu'ai-je fait pour l'honneur ? J'ai tout fait pour l'amour.
D'un temps si précieux quel compte puis-je rendre ?
Où sont ces heureux jours que je faisais attendre ?
Quels pleurs ai-je séchés ? Dans quels yeux satisfaits
Ai-je déjà goûté le fruit de mes bienfaits ?
1035 L'univers a-t-il vu changer ses destinées ?
Sais-je combien le ciel m'a compté de journées[3] ?
Et de ce peu de jours si longtemps attendus,
Ah ! malheureux, combien j'en ai déjà perdus[4] !
Ne tardons plus : faisons ce que l'honneur exige :
1040 Rompons le seul lien...

---

1. **Avec le lait sucée** : apprise dès la petite enfance.
2. **Fais l'amour** : « aime(r) d'une passion déclarée » (*Dictionnaire* de l'Académie, 1694).
3. **Combien... journées** : combien de temps le ciel me laissera-t-il régner (Titus ne régnera que deux ans).
4. Rappel de l'anecdote rapportée par Suétone dans sa vie de Titus : « Et même un soir à table, se rappelant qu'il n'avait rien accordé à personne pendant tout le jour, il prononça cette parole mémorable et vantée avec raison : "Mes amis, j'ai perdu ma journée." »

REPÈRES

• Expliquez comment le mouvement agité des trois premières scènes a préparé la mise en place du monologue de Titus.
• Quel est l'intérêt psychologique et dramatique d'un tel monologue ?

OBSERVATION

• Dégagez le plan de la tirade. En quoi sa composition rappelle-t-elle celle des monologues de Corneille (fortement structurés, pesant le pour et le contre pour arriver à une synthèse) ?
• Montrez que, dans les vers 987-1006, Titus affirme son entière responsabilité dans le renvoi de Bérénice. Pourquoi le vers 1000 constitue-t-il une des clés de la pièce ? Quels termes prouvent qu'il conçoit maintenant ses relations avec Bérénice comme un combat ?
• Dans les vers 1007-1023, Titus se situe par rapport aux attitudes possibles de Rome : quel procédé stylistique traduit l'importance de Rome à ses yeux ? Montrez l'importance du vers 1013 dans l'articulation des idées.
• Relevez dans les vers 1024 et suivants tous les termes empruntés au vocabulaire cornélien de la gloire et du devoir. Montrez que désormais les yeux de Bérénice sont remplacés par les yeux de l'empire.
• Quel est l'intérêt des vers 1036-1038 si l'on sait que Titus n'a régné que deux ans ?
• Qu'a décidé Titus lorsqu'il est interrompu par Bérénice ?

INTERPRÉTATIONS

Titus, personnage cornélien ou racinien ?
• Antiochus et Bérénice bénéficient également d'un monologue dans la pièce. Pourquoi celui de Titus est-il le plus long ?
• À ce moment de la pièce, un des intérêts psychologiques est de savoir si Titus aime encore Bérénice : quels éléments peuvent décider l'interprétation d'un metteur en scène ?
• Analysez la part respective de la gloire et de la cruauté dans l'analyse de Titus : est-ce un dilemme cornélien ?

SCÈNE 5. BÉRÉNICE, TITUS.

BÉRÉNICE, *en sortant*[1].
Non, laissez-moi, vous dis-je.
En vain tous vos conseils[2] me retiennent ici !
Il faut que je le voie. Ah ! Seigneur ! vous voici.
Hé bien, il est donc vrai que Titus m'abandonne ?
Il faut nous séparer ; et c'est lui qui l'ordonne.

TITUS
1045 N'accablez point, Madame, un prince malheureux,
Il ne faut point ici nous attendrir tous deux.
Un trouble assez cruel m'agite et me dévore,
Sans que des pleurs si chers me déchirent encore.
Rappelez bien plutôt ce cœur qui tant de fois
1050 M'a fait de mon devoir reconnaître la voix.
Il en est temps. Forcez votre amour à se taire ;
Et d'un œil que la gloire et la raison éclaire[3]
Contemplez mon devoir dans toute sa rigueur.
Vous-même contre vous fortifiez mon cœur ;
1055 Aidez-moi, s'il se peut, à vaincre sa faiblesse,
À retenir des pleurs qui m'échappent sans cesse ;
Ou, si nous ne pouvons commander à nos pleurs,
Que la gloire du moins soutienne nos douleurs ;
Et que tout l'univers reconnaisse sans peine
1060 Les pleurs d'un empereur et les pleurs[4] d'une reine.
Car enfin, ma princesse, il faut nous séparer.

BÉRÉNICE
Ah ! cruel ! est-il temps[5] de me le déclarer ?
Qu'avez-vous fait ? Hélas ! je me suis crue aimée.
Au plaisir de vous voir mon âme accoutumée
1065 Ne vit plus que pour vous. Ignoriez-vous vos lois,

---

1. Bérénice sort de son appartement.
2. **Vos conseils :** les conseils des suivantes.
3. **Éclaire :** accord du verbe avec le sujet le plus proche (latinisme).
4. **Pleurs... empereur... pleurs :** allitération (voir p. 219).
5. **Est-il temps :** est-ce le moment, n'est-il pas trop tard.

Quand je vous l'avouai[1] pour la première fois ?
À quel excès d'amour m'avez-vous amenée !
Que ne me disiez-vous : « Princesse infortunée,
Où vas-tu t'engager, et quel est ton espoir ?
1070 Ne donne point un cœur qu'on ne peut recevoir. »
Ne l'avez-vous reçu, cruel, que pour le rendre,
Quand de vos seules mains[2] ce cœur voudrait dépendre ?
Tout l'Empire a vingt fois conspiré contre nous.
Il était temps encor : que ne me quittiez-vous ?
1075 Mille raisons alors[3] consolaient ma misère :
Je pouvais de ma mort[4] accuser votre père,
Le peuple, le sénat, tout l'Empire romain,
Tout l'univers[5], plutôt qu'une si chère main.
Leur haine, dès longtemps contre moi déclarée,
1080 M'avait à mon malheur dès longtemps préparée.
Je n'aurais pas, Seigneur, reçu ce coup cruel
Dans le temps que j'espère un bonheur immortel,
Quand votre heureux amour peut tout ce qu'il désire,
Lorsque Rome se tait, quand votre père expire,
1085 Lorsque tout l'univers fléchit à vos genoux,
Enfin quand je n'ai plus à redouter que vous[6].

TITUS

Et c'est moi seul aussi qui pouvais me détruire.
Je pouvais vivre alors et me laisser séduire.
Mon cœur se gardait bien d'aller dans l'avenir
1090 Chercher ce qui pouvait un jour nous désunir.
Je voulais qu'à mes vœux rien ne fût invincible,
Je n'examinais rien, j'espérais l'impossible.
Que sais-je ? J'espérais de mourir à vos yeux

---

1. **L'avouai :** avouai le plaisir de vous voir et de vous aimer.
2. **Mains :** symbole de la puissance et de la volonté.
3. **Alors :** si vous m'aviez alors quittée.
4. **Ma mort :** mon suicide.
5. **Le peuple... l'univers :** gradation (voir p. 220).
6. Alternance de « quand » et de « lorsque » (v. 1083 à 1086), dans un souci d'insistance et de variété.

Avant que d'en[1] venir à ces cruels adieux.
1095 Les obstacles semblaient renouveler ma flamme.
Tout l'Empire parlait. Mais la gloire, Madame,
Ne s'était point encor fait entendre à mon cœur
Du ton dont elle parle au cœur d'un empereur.
Je sais tous les tourments où ce dessein me livre ;
1100 Je sens bien que sans vous je ne saurais plus vivre,
Que mon cœur de moi-même est prêt à s'éloigner ;
Mais il ne s'agit plus de vivre, il faut régner[2].

BÉRÉNICE

Hé bien ! régnez, cruel ; contentez votre gloire :
Je ne dispute[3] plus. J'attendais, pour vous croire,
1105 Que cette même bouche, après mille serments
D'un amour qui devait unir tous nos moments,
Cette bouche, à mes yeux s'avouant infidèle,
M'ordonnât elle-même une absence éternelle[4].
Moi-même j'ai voulu vous entendre en ce lieu.
1110 Je n'écoute plus rien, et pour jamais, adieu.
Pour jamais ! Ah ! Seigneur, songez-vous en vous-même
Combien ce mot cruel est affreux quand on aime ?
Dans un mois, dans un an, comment souffrirons-nous,
Seigneur, que tant de mers me séparent de vous ?
1115 Que le jour recommence et que le jour finisse
Sans que jamais Titus puisse voir Bérénice,
Sans que de tout le jour je puisse voir Titus ?
Mais quelle est mon erreur, et que de soins perdus !
L'ingrat, de mon départ consolé par avance,
1120 Daignera-t-il compter les jours de mon absence ?
Ces jours si longs pour moi lui sembleront trop courts.

---

1. **Avant que d'en** : avant d'en (tournure normale au XVIIᵉ siècle).
2. Coupe du vers inhabituelle.
3. **Dispute** : discute.
4. **Absence éternelle** : s'oppose à « bonheur immortel » (v. 1082).

TITUS

Je n'aurai pas, Madame, à compter tant de jours.
J'espère que bientôt la triste renommée
Vous fera confesser que vous étiez aimée.
1125 Vous verrez que Titus n'a pu sans expirer...

BÉRÉNICE

Ah ! Seigneur, s'il est vrai, pourquoi nous séparer ?
Je ne vous parle point d'un heureux hyménée :
Rome à ne vous plus voir m'a-t-elle condamnée ?
Pourquoi m'enviez[1]-vous l'air que vous respirez ?

TITUS

1130 Hélas ! vous pouvez tout, Madame. Demeurez :
Je n'y résiste point. Mais je sens ma faiblesse.
Il faudra vous combattre et vous craindre sans cesse,
Et sans cesse veiller à retenir mes pas,
Que vers vous à toute heure entraînent vos appas.
1135 Que dis-je ? En ce moment mon cœur, hors de lui-même,
S'oublie, et se souvient seulement qu'il vous aime.

BÉRÉNICE

Hé bien, Seigneur, hé bien, qu'en peut-il arriver ?
Voyez-vous les Romains prêts à se soulever ?

TITUS

Et qui sait de quel œil ils prendront cette injure ?
1140 S'ils parlent, si les cris succèdent au murmure,
Faudra-t-il par le sang justifier mon choix ?
S'ils se taisent, Madame, et me vendent[2] leurs lois,
À quoi m'exposez-vous ? Par quelle complaisance
Faudra-t-il quelque jour payer leur patience[3] ?
1145 Que n'oseront-ils point alors me demander ?
Maintiendrai-je des lois que je ne puis garder[4] ?

---

1. **Enviez :** refusez égoïstement,
2. **Vendent :** font payer cher.
3. **Patience :** prononcer pati/ence. Racine emploie souvent la diérèse (voir p. 220) pour mettre en évidence un mot qui scandalise un ou plusieurs personnages.
4. **Garder :** observer.

Titus (Jean-François Sivadier) et Bérénice (Nathalie Nell).
Mise en scène de Jacques Lassalle, T.N.S., 1990.

BÉRÉNICE

Vous ne comptez pour rien les pleurs de Bérénice.

TITUS

Je les compte pour rien ? Ah ! ciel ! quelle injustice !

BÉRÉNICE

Quoi ? pour d'injustes lois que vous pouvez changer,
1150 En d'éternels chagrins[1] vous-même vous plonger ?
Rome a ses droits, Seigneur : n'avez-vous pas les vôtres ?
Ses intérêts sont-ils plus sacrés que les nôtres ?
Dites, parlez.

TITUS

Hélas ! Que vous me déchirez !

BÉRÉNICE

Vous êtes empereur, Seigneur, et vous pleurez[2] !

TITUS

1155 Oui, Madame, il est vrai, je pleure, je soupire,
Je frémis. Mais enfin, quand j'acceptai l'empire,
Rome me fit jurer de maintenir ses droits :
Il les faut maintenir. Déjà plus d'une fois
Rome a de mes pareils exercé[3] la constance.
1160 Ah ! si vous remontiez jusques à sa naissance,
Vous les verriez toujours à ses ordres soumis[4].
L'un, jaloux de sa foi[5], va chez les ennemis
Chercher avec la mort la peine toute prête[6] ;

---

1. **Chagrins :** douleurs (sens fort).
2. Allusion à la formule de Marie Mancini au moment où elle quitta Louis XIV (voir p. 31).
3. **Exercé :** mis à l'épreuve.
4. Variante (édition de 1671) : « Vous les verriez toujours, jaloux de leur devoir, / De tous les autres nœuds oublier le pouvoir. » Les vers 1162 à 1166 ont été rajoutés en 1676 afin de donner une leçon d'héroïsme romain.
5. **Jaloux de sa foi :** fidèle à la parole donnée.
6. Régulus, fait prisonnier par les Carthaginois et envoyé à Rome pour négocier, dissuada le sénat d'accepter les conditions carthaginoises et retourna à Carthage, où il fut supplicié en 255 av. J.-C.

D'un fils victorieux l'autre proscrit la tête[1] ;
1165 L'autre, avec des yeux secs et presque indifférents,
Voit mourir ses deux fils, par son ordre expirants[2].
Malheureux ! Mais toujours la patrie et la gloire
Ont parmi les Romains remporté la victoire.
Je sais qu'en vous quittant le malheureux Titus
1170 Passe[3] l'austérité de toutes leurs vertus ;
Qu'elle n'approche point de cet effort insigne ;
Mais, Madame, après tout, me croyez-vous indigne
De laisser un exemple à la postérité
Qui sans de grands efforts ne puisse être imité ?

BÉRÉNICE
1175 Non, je crois tout facile à votre barbarie.
Je vous crois digne, ingrat, de m'arracher la vie.
De tous vos sentiments mon cœur est éclairci.
Je ne vous parle plus de me laisser ici.
Qui ? moi ? j'aurais voulu, honteuse et méprisée,
1180 D'un peuple qui me hait soutenir la risée ?
J'ai voulu vous pousser jusques à ce refus.
C'en est fait, et bientôt vous ne me craindrez plus.
N'attendez pas ici que j'éclate en injures,
Que j'atteste le ciel, ennemi des parjures.
1185 Non, si le ciel encore est touché de mes pleurs,
Je le prie en mourant d'oublier mes douleurs.
Si je forme des vœux contre votre injustice,
Si devant que[4] mourir la triste Bérénice
Vous veut de son trépas laisser quelque vengeur,
1190 Je ne le cherche, ingrat, qu'au fond de votre cœur.

---

1. Manlius Torquatus condamna à mort son propre fils, coupable d'avoir
livré, sans l'ordre de son père, une bataille qu'il avait pourtant gagnée.
2. Le consul L. Junius Brutus condamna à mort ses deux fils, coupables
d'avoir participé à un complot visant à rétablir sur le trône les Tarquins
exilés, en 509 av. J.-C.
3. **Passe** : dépasse (emploi du verbe simple là où nous employons
aujourd'hui le composé).
4. **Devant que** : avant de.

Je sais que tant d'amour n'en peut être effacée[1] ;
Que ma douleur présente et ma bonté passée,
Mon sang, qu'en ce palais je veux même[2] verser,
Sont autant d'ennemis que je vais vous laisser :
1195 Et, sans me repentir de ma persévérance,
Je me remets sur eux de toute ma vengeance.
Adieu.

---

1. Au XVIIᵉ siècle, le mot « amour » peut s'employer indifféremment au
féminin ou au masculin.
2. **Même** : en ce palais même.

Repères

• À quels points de vue peut-on dire que la scène 5 est le sommet de la pièce ?

• Nous assistons à la deuxième entrevue de Titus et de Bérénice dans la pièce. Quels éléments ont changé depuis la scène 4 de l'acte II ?

Observation

• Étudiez, dans les vers 1040-1041, le rythme des vers, significatifs de l'état d'esprit de Bérénice.

• Dans les vers 1045-1061, analysez le thème cornélien du devoir et de la gloire, auquel vous opposerez le thème racinien des pleurs : lequel de ces deux thèmes l'emporte dans la tirade ?

Montrez que Titus raisonne à la fois comme empereur et comme individu (v. 1045). Relevez les images employées par Racine : qu'expriment-elles ? Quel est l'intérêt des répétitions ? Comparez les vers 1061 et 1044.

• Vers 1062-1086 : la réponse de Bérénice à Titus vise à persuader Titus et repose sur un argument de fait : quel est-il ? Cet argument est-il juste ? Peut-il l'emporter sur les principes exposés par Titus ? Étudiez le jeu des pronoms « vous » et « tu ».

Quelle conception du temps Bérénice propose-t-elle ? Quels modes et quels temps utilise-t-elle ? Commentez l'expression « un bonheur immortel » (v. 1082). En quoi les vers 1082-1086 reprennent-ils les vers 1076-1078 ? Analysez la chute finale (v. 1086).

• Vers 1087-1102 : dégagez les deux moments de la tirade. Quel est le nouvel argument invoqué par Titus ? Quelles conceptions du présent et du passé Titus se fait-il ? Montrez que présent et passé sont liés à des idées de vie et de mort. Donnez les sens possibles du mot « cœur » (v. 1101). Commentez le vers 1102.

• Vers 1103-1121 : caractérisez les trois moments de la tirade. À quels sentiments successifs correspondent-ils ? Quels thèmes sont développés par Bérénice ? Étudiez le rythme des vers 1111-1117 : qu'évoquent-ils ?

• Vers 1122-1154 : citez les vers révélant un changement dans l'attitude de Titus. Quelle est l'importance du vers 1130 ? Quelle est la solution proposée par Bérénice à Titus dans les vers 1126-1129 ? Dans les vers 1130-1136, que redoute Titus s'il accepte la proposition de Bérénice ? Quelles métaphores traduisent ses craintes ? Quelles seraient alors les réactions possibles de Rome (v. 1140-1146) ? Qui craindrait-il le plus, de Rome ou de Bérénice (en particulier v. 1132-1134) ? Que traduit la longueur réduite des répliques dans l'esprit de Titus ?

• Vers 1155-1174 : quel mot Titus a-t-il retenu des arguments précédents de Bérénice ? Caractérisez l'intérêt des exemples historiques évoqués. Où en est Titus par rapport au début de la scène ?

• Vers 1175-1197 : le terme de « barbarie » vous semble-t-il justifié (v. 1175) ? Que pensez-vous de l'affirmation du vers 1181 ? De quoi Bérénice menace-t-elle Titus (v. 1182, 1186, 1193) ? Étudiez le vocabulaire de la vengeance et la rhétorique de la fureur.

INTERPRÉTATIONS

Bourreau et victime

• Analysez le thème du temps dans l'ensemble de la scène 5, ainsi que les rapports entre la notion d'éternité et celle de plein et de vide.

• Montrez que le regard d'autrui (celui de la foule, et celui de Rome) rend les personnages prisonniers.

• Définissez la logique du devoir définie par Titus et celle du bonheur réclamée par Bérénice. Comment ces deux logiques s'opposent-elles ?

• L'impatience de Titus à se dégager de l'emprise de Bérénice révèle-t-elle un manque d'amour ?

• À la fin de la scène, la situation a-t-elle évolué ? L'action est-elle encore ouverte, ou fermée ?

• Y a-t-il, dans cette scène, un vainqueur, ou y a-t-il deux victimes ?

• On se reportera à l'opinion du critique Roland Barthes : Titus « est un principe total, un air, à la fois lumière et enveloppement. Ne plus respirer cet air, c'est mourir. C'est pourquoi Bérénice va jusqu'à proposer à Titus un simple concubinage (que Titus repousse) ; c'est pourquoi, privée de son aliment, cette image ne pourra que dépérir, dans un air raréfié, distinct de l'air de Titus, et qui est le vide progressif de l'Orient ».

SCÈNE 6. TITUS, PAULIN.

PAULIN
Dans quel dessein vient-elle de sortir,
Seigneur ? Est-elle enfin disposée à partir ?

TITUS
Paulin, je suis perdu, je n'y pourrai survivre.
1200 La reine veut mourir. Allons, il faut la suivre.
Courons à son secours.

PAULIN
Hé quoi ! n'avez-vous pas
Ordonné dès tantôt qu'on observe[1] ses pas ?
Ses femmes, à toute heure autour d'elle empressées,
Sauront la détourner de ces tristes pensées.
1205 Non, non, ne craignez rien. Voilà les plus grands coups[2],
Seigneur : continuez, la victoire est à vous.
Je sais que sans pitié vous n'avez pu l'entendre ;
Moi-même en la voyant je n'ai pu m'en défendre[3].
Mais regardez plus loin. Songez, en ce malheur,
1210 Quelle gloire va suivre un moment de douleur,
Quels applaudissements l'univers vous prépare,
Quel rang dans l'avenir.

TITUS
Non, je suis un barbare.
Moi-même je me hais. Néron, tant détesté,
N'a point à cet excès poussé sa cruauté[4].
1215 Je ne souffrirai point que Bérénice expire.
Allons, Rome en dira ce qu'elle en voudra dire.

PAULIN
Quoi ! Seigneur !

---

1. **Observe** : surveille.
2. **Coups** : métaphore (voir p. 221) du combat, prolongée au vers 1206 par « victoire ».
3. **Je... défendre** : je n'ai pu m'empêcher d'éprouver de la pitié.
4. Titus se sent moralement plus coupable que Néron, qui avait pourtant, entre autres, tué son épouse Poppée d'un coup de pied au ventre.

TITUS

Je ne sais, Paulin, ce que je dis.
L'excès de la douleur accable mes esprits.

PAULIN

Ne troublez point le cours de votre renommée :
1220 Déjà de vos adieux la nouvelle est semée.
Rome, qui gémissait, triomphe avec raison ;
Tous les temples ouverts fument en votre nom,
Et le peuple, élevant vos vertus jusqu'aux nues,
Va partout de lauriers couronner vos statues.

TITUS

1225 Ah ! Rome ! Ah ! Bérénice ! Ah ! prince malheureux !
Pourquoi suis-je empereur ? Pourquoi suis-je amoureux ?

SCÈNE 7. TITUS, ANTIOCHUS
PAULIN, ARSACE.

ANTIOCHUS

Qu'avez-vous fait, Seigneur ? l'aimable[1] Bérénice
Va peut-être expirer dans les bras de Phénice.
Elle n'entend ni pleurs, ni conseils, ni raison ;
1230 Elle implore à grands cris le fer[2] et le poison.
Vous seul vous lui pouvez arracher cette envie :
On vous nomme, et ce nom la rappelle à la vie.
Ses yeux, toujours tournés vers votre appartement,
Semblent vous demander de moment en moment[3].
1235 Je n'y puis résister, ce spectacle me tue.
Que tardez-vous[4] ? Allez vous montrer à sa vue.
Sauvez tant de vertus, de grâces, de beauté,

---

1. **Aimable** : digne d'être aimée.
2. **Le fer** : l'épée ou le poignard.
3. **De moment en moment** : sans arrêt.
4. Variante (éditions de 1671 et 1687) : « Allez, Seigneur. »

Ou renoncez, Seigneur, à toute humanité.
Dites un mot.

TITUS

Hélas ! quel mot puis-je lui dire ?
1240 Moi-même en ce moment sais-je si je respire[1] ?

SCÈNE 8. TITUS, ANTIOCHUS, PAULIN, ARSACE, RUTILE.

RUTILE

Seigneur, tous les tribuns, les consuls, le sénat,
Viennent vous demander au nom de tout l'État.
Un grand peuple les suit, qui, plein d'impatience,
Dans votre appartement attend votre présence.

TITUS

1245 Je vous entends, grands dieux ! Vous voulez rassurer
Ce cœur que vous voyez tout prêt à s'égarer.

PAULIN

Venez, Seigneur, passons dans la chambre prochaine :
Allons voir le sénat.

ANTIOCHUS

Ah ! courez chez la reine.

PAULIN

Quoi ! vous pourriez, Seigneur, par cette indignité,
1250 De l'empire à vos pieds fouler la majesté ?
Rome...

TITUS

Il suffit, Paulin, nous allons les entendre[2].
(À Antiochus.)
Prince, de ce devoir je ne puis me défendre.

---

1. Voir le vers 1129.
2. **Entendre :** ici, écouter.

Voyez la reine. Allez. J'espère à mon retour
Qu'elle ne pourra plus douter de mon amour.

SCÈNE 9. ANTIOCHUS, ARSACE[1].

ANTIOCHUS

Arsace, que dis-tu de toute ma conduite ?
Rien ne pouvait tantôt s'opposer à ma fuite,
Bérénice et Titus offensaient mes regards :
Je partais pour jamais. Voilà comme je pars.
Je rentre, et dans les pleurs je retrouve la reine.
J'oublie en même temps ma vengeance et sa haine ;
Je m'attendris aux pleurs qu'un rival fait couler ;
Moi-même à son secours je le viens appeler ;
Et, si sa diligence eût secondé mon zèle,
J'allais, victorieux, le conduire auprès d'elle.
Malheureux que je suis ! avec quelle chaleur
J'ai travaillé sans cesse à mon propre malheur !
C'en est trop. De Titus porte-lui les promesses,
Arsace. Je rougis de toutes mes faiblesses.
Désespéré, confus, à moi-même odieux,
Laisse-moi ; je me veux cacher même à tes yeux.

---

1. Cette scène n'existe que dans l'édition de 1671.

Repères

• Pourquoi Racine n'a-t-il pas fini son acte avec la scène 5 ?
• L'intérêt de ces dernières scènes est-il d'ordre dramatique ou d'ordre psychologique ?

Observation

Scène 6 : l'intervention de Paulin

• Paulin est le premier à réagir après l'entrevue de Titus et de Bérénice. Pourquoi ? Quelle est sa fonction d'un point de vue dramatique ? Quels sont ses arguments ?
• Comment se traduit le désarroi de Titus ? Étudiez notamment les vers 1225-1226. Pourquoi Titus se compare-t-il souvent à Néron ?

Scène 7 : la supplique d'Antiochus

• En quoi l'attitude d'Antiochus est-elle particulièrement chevaleresque ?
• Analysez la situation d'Antiochus en fonction des thèmes obsédants du regard, de la parole et de la difficulté de parler.
• Commentez l'emploi du verbe « respirer » (v. 1240).
• Comment les paroles d'Antiochus nous renseignent-elles sur les réactions de Bérénice qui, elle, n'est pas sur scène ?

Scène 8 : Rutile, représentant de Rome

• Caractérisez Rutile par rapport à Paulin. Quels procédés Rutile emploie-t-il pour donner l'impression que tout le monde est de son avis ?
• Comparez les deux propositions de Paulin et d'Antiochus (v. 1247-1248).
• Que décide Titus ? Comment interprétez-vous les vers 1251-1254 ?

Scène 9 : le monologue d'Antiochus

• Relevez les passages où figurent les thèmes de la fuite, des pleurs et du regard malheureux : quel nouvel élément vient renforcer la mélancolie d'Antiochus ?

Interprétations

• Dans les éditions postérieures à 1671, la scène 9 fut supprimée : quelles raisons psychologiques ou dramatiques ont pu pousser Racine à cette suppression ? Par quel mot l'acte IV aurait-il fini ?
• Pourquoi certains metteurs en scène conservent-ils la scène 9 ? Qu'ajoute-t-elle au personnage d'Antiochus ?

L'action

• Montrez que l'acte IV est centré sur une scène principale et que les autres scènes ne font que la préparer ou la prolonger.
• Peut-on dire que l'action a progressé à la fin de l'acte IV ?
• Le dénouement est-il prévisible à la fin de l'acte IV ?
• L'enchaînement des scènes s'effectuait d'une façon harmonieuse dans les trois premiers actes. Montrez que l'acte IV brise cette impression, en créant des ruptures. Précisez quels sont, dans l'acte, les moments de calme et les moments d'agitation.

Les thèmes

• Étudiez le thème de la parole à travers les trois personnages principaux : Titus, qui se refusait à parler et qui a été contraint à le faire ; Bérénice, qui a réussi à parler à Titus, mais en vain ; Antiochus, qui ne parle jamais que pour autrui.
• Étudiez le thème de la vue, obsédant dans les principales scènes de l'acte.
• La réflexion sur le temps est un thème majeur de l'acte IV. Quelle est la fonction des souvenirs dans les vers 1014-1022, 1065-1080, 1158-1168 ? Comment les personnages évoquent-ils un avenir de souffrance s'opposant au bonheur du passé ?

Les personnages

• Analysez les relations cruelles entretenues par Titus et Bérénice, qui peuvent faire apparaître l'un comme un bourreau, et l'autre comme une victime.
• Le personnage de Titus a été interprété de façons très opposées : est-il, selon vous, désespéré ou insensible ? Et surtout, aime-t-il encore Bérénice ?

ACTE V

SCÈNE PREMIÈRE. ARSACE, *seul.*

1255 Où pourrai-je trouver ce prince trop fidèle ?
Ciel, conduisez mes pas, et secondez mon zèle.
Faites qu'en ce moment je lui puisse annoncer
Un bonheur où peut-être il n'ose plus penser.

SCÈNE 2. ANTIOCHUS, ARSACE.

ARSACE
Ah ! quel heureux destin en ces lieux vous renvoie,
1260 Seigneur ?

ANTIOCHUS
Si mon retour t'apporte quelque joie,
Arsace, rends-en grâce à mon seul désespoir.

ARSACE
La reine part, Seigneur.

ANTIOCHUS
Elle part ?

ARSACE
Dès ce soir.
Ses ordres sont donnés. Elle s'est offensée
Que Titus à ses pleurs l'ait si longtemps laissée.
1265 Un généreux dépit succède à sa fureur :
Bérénice renonce à Rome, à l'empereur,
Et même veut partir avant que Rome instruite
Puisse voir son désordre et jouir de sa fuite.
Elle écrit à César.

ANTIOCHUS
Ô ciel ! qui l'aurait cru ?
1270 Et Titus ?

ARSACE
À ses yeux Titus n'a point paru.
Le peuple avec transport l'arrête et l'environne,
Applaudissant aux noms[1] que le sénat lui donne ;
Et ces noms, ces respects, ces applaudissements
Deviennent pour Titus autant d'engagements
1275 Qui le liant, Seigneur, d'une honorable[2] chaîne,
Malgré tous ses soupirs et les pleurs de la reine,
Fixent dans son devoir ses vœux irrésolus.
C'en est fait, et peut-être il ne la verra plus.

ANTIOCHUS
Que de sujets d'espoirs, Arsace, je l'avoue !
1280 Mais d'un soin[3] si cruel la fortune me joue[4],
J'ai vu tous mes projets tant de fois démentis
Que j'écoute en tremblant tout ce que tu me dis ;
Et mon cœur, prévenu d'une[5] crainte importune,
Croit, même en espérant, irriter[6] la fortune.
1285 Mais que vois-je ? Titus porte vers nous ses pas.
Que veut-il ?

---

1. **Noms** : titres.
2. **Honorable** : constituée d'honneurs.
3. **D'un soin** : avec un soin.
4. **La fortune me joue** : le destin me trompe, m'abuse.
5. **Prévenu d'une** : dominé à l'avance par une.
6. **Irriter** : mettre en colère, exaspérer.

SCÈNE 3. TITUS, ANTIOCHUS, ARSACE.

TITUS, *en entrant.*

Demeurez : qu'on[1] ne me suive pas.
Enfin, Prince, je viens dégager[2] ma promesse.
Bérénice m'occupe et m'afflige sans cesse.
Je viens, le cœur percé de vos pleurs et des siens,
1290 Calmer des déplaisirs moins cruels que les miens.
Venez, Prince, venez. Je veux bien que vous-même
Pour la dernière fois vous voyez[3] si je l'aime.
(Il passe dans l'appartement de Bérénice.)

SCÈNE 4. ANTIOCHUS, ARSACE.

ANTIOCHUS

Hé bien ! voilà l'espoir que tu m'avais rendu ;
Et tu vois le triomphe où j'étais attendu[4].
1295 Bérénice partait justement irritée !
Pour ne la plus revoir, Titus l'avait quittée !
Qu'ai-je donc fait, grands dieux ? Quel cours infortuné
À ma funeste vie aviez-vous destiné ?
Tous mes moments ne sont qu'un éternel passage
1300 De la crainte à l'espoir, de l'espoir à la rage.
Et je respire encor ? Bérénice ! Titus !
Dieux cruels ! de mes pleurs vous ne vous rirez plus.
(Il sort.)

---

1. **On** : ici, la suite de Titus.
2. **Dégager** : accomplir.
3. **Voyez** : orthographe correcte du subjonctif au XVIIᵉ siècle.
4. **Où j'étais attendu** : dont j'étais assuré.

REPÈRES

• Nous retrouvons au début de l'acte V les personnages que nous avions laissés à la fin de l'acte IV ; un tel enchaînement entre les actes est contraire aux règles classiques, qui préconisent de bien séparer les actes en changeant les personnages. Quel est l'effet produit ici ? Quels événements ont eu lieu entre les deux actes ?

• Nous apprenons un changement dans les intentions de Bérénice : en quoi consiste-t-il et en quoi ce revirement de Bérénice est-il un coup de théâtre ?

• Les scènes 1 à 4 s'enchaînent-elles logiquement ? Quelle est l'utilité de la scène 4 ?

OBSERVATION

Scène 1
• Pourquoi avoir fait débuter l'acte avec le personnage d'Arsace ? Commentez le vers 1255.

Scène 2
• Étudiez le vocabulaire de la joie chez Arsace, ainsi que le caractère convaincu et satisfait de ses affirmations.

• Étudiez le vocabulaire de l'espoir et du désespoir chez Antiochus.

• Comparez le vers 1275 au v. 1040 : qu'en déduisez-vous pour le personnage de Titus ?

Scène 3
• Le vers 1290 est-il honnête de la part de Titus ?

• Comment Antiochus et le spectateur peuvent-ils interpréter le vers 1292 ?

Scène 4
• Relevez les termes qui font d'Antiochus un personnage mélancolique.

INTERPRÉTATIONS

• Imaginez les allées et venues d'Arsace dans la scène 2 : comment se comporte-t-il physiquement face à Antiochus ?

• Quel est l'état d'esprit de Titus dans la scène 3 ? Comment Racine trompe-t-il le spectateur ?

• Dans la scène 3, Titus traverse la scène en prononçant quelques mots : d'où vient-il et où va-t-il ?

• Montrez que le thème du destin fait une victime du personnage d'Antiochus. En quoi le vers 1299 pourrait-il résumer le personnage ?

SCÈNE 5. TITUS, BÉRÉNICE, PHÉNICE.

BÉRÉNICE

Non, je n'écoute rien. Me voilà résolue :
Je veux partir. Pourquoi vous montrer à ma vue ?
1305 Pourquoi venir encore aigrir mon désespoir ?
N'êtes-vous pas content ? Je ne veux plus vous voir.

TITUS

Mais, de grâce, écoutez.

BÉRÉNICE
Il n'est plus temps.

TITUS
Madame,

Un mot.

BÉRÉNICE
Non.

TITUS
Dans quel trouble elle jette mon âme !
Ma princesse, d'où vient ce changement soudain ?

BÉRÉNICE
1310 C'en est fait. Vous voulez que je parte demain ;
Et moi, j'ai résolu de partir tout à l'heure ;
Et je pars.

TITUS
Demeurez.

BÉRÉNICE
Ingrat, que je demeure !
Et pourquoi ? Pour entendre un peuple injurieux[1]
Qui fait de mon malheur retentir tous ces lieux ?
1315 Ne l'entendez-vous pas, cette cruelle joie,
Tandis que dans les pleurs moi seule je me noie ?

_____

1. **Injurieux :** à la fois injuste et outrageant.

Quel crime, quelle offense a pu les[1] animer ?
Hélas ! et qu'ai-je fait que[2] de vous trop aimer ?

TITUS

Écoutez-vous, Madame, une foule insensée ?

BÉRÉNICE

1320 Je ne vois rien ici dont je ne sois blessée.
Tout cet appartement préparé par vos soins,
Ces lieux, de mon amour si longtemps les témoins,
Qui semblaient pour jamais me répondre du vôtre,
Ces festons[3], où nos noms enlacés l'un dans l'autre
1325 À mes tristes regards viennent partout s'offrir,
Sont autant d'imposteurs[4] que je ne puis souffrir.
Allons, Phénice.

TITUS

Ô ciel ! que vous êtes injuste !

BÉRÉNICE

Retournez, retournez vers ce sénat auguste
Qui vient vous applaudir de votre cruauté.
1330 Hé bien, avec plaisir l'avez-vous écouté ?
Êtes-vous pleinement content de votre gloire ?
Avez-vous bien promis d'oublier ma mémoire ?
Mais ce n'est pas assez expier vos amours[5] :
Avez-vous bien promis de me haïr toujours ?

TITUS

1335 Non, je n'ai rien promis. Moi, que je vous haïsse !
Que je puisse jamais oublier Bérénice !
Ah ! dieux ! dans quel moment son injuste rigueur
De ce cruel soupçon vient affliger mon cœur !
Connaissez-moi[6], Madame, et depuis cinq années,
1340 Comptez tous les moments et toutes les journées

---

1. **Les** : les gens de ce « peuple injurieux » (v. 1313).
2. **Que** : d'autre que.
3. **Festons** : broderies.
4. **Imposteurs** : répond à « témoins » (v. 1322).
5. **Expier vos amours** : alliance de mots (voir p. 219).
6. **Connaissez-moi** : reconnaissez la vérité de mes sentiments.

Où par plus de transports et par plus[1] de soupirs
Je vous ai de mon cœur exprimé les désirs :
Ce jour surpasse tout. Jamais, je le confesse,
Vous ne fûtes aimée avec tant de tendresse ;
1345 Et jamais...

BÉRÉNICE

Vous m'aimez, vous me le soutenez,
Et cependant je pars, et vous me l'ordonnez !
Quoi ! dans mon désespoir trouvez-vous tant de charmes ?
Craignez-vous que mes yeux versent trop peu de larmes ?
Que me sert de ce cœur l'inutile retour ?
1350 Ah ! cruel ! par pitié montrez-moi moins d'amour.
Ne me rappelez point une trop chère idée[2],
Et laissez-moi du moins partir persuadée
Que déjà de votre âme exilée en secret,
J'abandonne un ingrat qui me perd sans regret.
(Il lit une lettre[3].)
1355 Vous m'avez arraché ce que je viens d'écrire.
Voilà de votre amour tout ce que je désire.
Lisez, ingrat, lisez, et me laissez sortir.

TITUS

Vous ne sortirez point, je n'y puis consentir.
Quoi ? ce départ n'est donc qu'un cruel stratagème ?
1360 Vous cherchez à mourir ? Et de tout ce que j'aime
Il ne restera plus qu'un triste souvenir ?
Qu'on cherche Antiochus, qu'on le fasse venir.
(Bérénice se laisse tomber sur un siège.)

---

1. **Plus... plus** : le plus (comparatif employé pour le superlatif).
2. **Idée** : ici, image.
3. « Elle sort en tenant une lettre à la main, et Titus la lui arrache. Il la lut tout haut dans la première représentation ; mais cette lettre ayant été appelée par un mauvais plaisant *le Testament de Bérénice*, Titus se contenta de la lire tout bas » (Louis Racine, *Mémoires*).

Titus (Richard Fontana).
Mise en scène de Klaus Michael Grüber.
Comédie-Française, 1984.

Repères

• Dans les actes précédents, Bérénice s'était imposée à la vue de Titus ; montrez que nous avons ici le mouvement inverse.
• Quel est l'intérêt d'avoir fait commencer la scène par un « non » symbolique ?

Observation

• Relevez, au début de la scène, les expressions dans lesquelles Bérénice affirme sa détermination.
• Par quels procédés l'ironie de Bérénice est-elle mise en valeur ? Cherchez les procédés exprimant, d'une part, sa résolution, d'autre part, sa faiblesse. Commentez le vers 1316.
• Le « Demeurez » du vers 1312 est-il sincère ?
• Quel est l'intérêt de l'évocation des lieux (v. 1320-1327) ? Commentez les termes d'« imposteurs » et de « témoins ».
• Quel mot de Bérénice fait bondir Titus d'indignation (v. 1334) ? Avec quel autre personnage, et dans quelle scène, avait-elle déjà employé ce type de chantage ?
• Titus est-il sincère au vers 1344 ? Pourquoi emploie-t-il le passé ?
• Quel est l'intérêt des vers 1352-1354 ?

Interprétations

Dépit et incompréhension
• N'y a-t-il pas, dans l'attitude de Bérénice au début de la scène, une part de dépit amoureux ? Pourquoi, cependant, la scène est-elle tragique, et non comique ?
• Au-delà de l'anecdote rapportée par Louis Racine (voir note du v. 1354), quelles raisons ont pu pousser Racine à supprimer le contenu de la lettre ? Imaginez le contenu de celle-ci. Étudiez les jeux de scène des vers 1354-1362.
• Dans cette scène, qui a l'initiative de la parole ? Pourquoi ?
• Quelles sont les intentions réelles de Bérénice à la fin de la scène ?
• Les intentions de Titus sont-elles claires pour le spectateur à la fin de la scène ?

SCÈNE 6. TITUS, BÉRÉNICE

TITUS

Madame, il faut vous faire un aveu véritable[1].
Lorsque j'envisageai le moment redoutable
1365 Où, pressé par les lois d'un austère devoir,
Il fallait pour jamais renoncer à vous voir ;
Quand de ce triste adieu je prévis les approches,
Mes craintes, mes combats, vos larmes, vos reproches,
Je préparai mon âme[2] à toutes les douleurs
1370 Que peut faire sentir le plus grand des malheurs.
Mais, quoi que je craignisse, il faut que je le die[3],
Je n'en avais prévu que la moindre partie ;
Je croyais ma vertu[4] moins prête à succomber
Et j'ai honte du trouble où je la vois tomber.
1375 J'ai vu devant mes yeux Rome entière assemblée ;
Le sénat m'a parlé ; mais mon âme accablée
Écoutait sans entendre, et ne leur[5] a laissé
Pour prix de leurs transports qu'un silence glacé.
Rome de votre sort est encore incertaine :
1380 Moi-même à tous moments je me souviens à peine
Si je suis empereur ou si je suis Romain[6].
Je suis venu vers vous sans savoir mon dessein[7].
Mon amour m'entraînait ; et je venais peut-être
Pour me chercher moi-même, et pour me reconnaître.
1385 Qu'ai-je trouvé ? Je vois la mort peinte en vos yeux ;
Je vois, pour la chercher, que vous quittez ces lieux[8] :

---

1. **Véritable** : sincère.
2. Variante (éditions de 1671 et 1687) : « Je m'attendris, Madame ».
3. **Die** : dise (forme normale de subjonctif au XVIIe siècle).
4. **Vertu** : courage.
5. **Leur** : aux Romains et aux sénateurs.
6. **Romain** : ici, simple citoyen soumis aux lois de Rome.
7. **Sans... dessein** : les vers 1254 et 1287, ambigus, avaient fait croire à Antiochus que Titus allait épouser Bérénice.
8. **Je vois... lieux** : je vois que vous quittez ces lieux pour chercher la mort.

C'en est trop. Ma douleur, à cette triste vue,
À son dernier excès[1] est enfin parvenue.
Je ressens tous les maux que je puis ressentir ;
1390 Mais je vois le chemin par où j'en puis sortir.
Ne vous attendez point que las de tant d'alarmes,
Par un heureux hymen je tarisse vos larmes.
En quelque extrémité[2] que vous m'ayez réduit,
Ma gloire inexorable à toute heure me suit ;
1395 Sans cesse elle présente à mon âme étonnée
L'empire incompatible avec votre hyménée[3],
Me dit qu'après l'éclat et les pas que j'ai faits[4],
Je dois vous épouser encor moins que jamais.
Oui, Madame ; et je dois moins encore vous dire
1400 Que je suis prêt pour vous d'abandonner[5] l'empire,
De vous suivre, et d'aller trop content de mes fers[6],
Soupirer avec vous au bout de l'univers.
Vous-même rougiriez de ma lâche conduite :
Vous verriez à regret marcher à votre suite
1405 Un indigne empereur, sans empire, sans cour,
Vil spectacle aux humains des faiblesses d'amour.
Pour sortir des tourments dont mon âme est la proie,
Il est, vous le savez, une plus noble voie.
Je me suis vu, Madame, enseigner ce chemin
1410 Et par plus d'un héros et par plus d'un Romain[7] :
Lorsque trop de malheurs ont lassé leur constance,
Ils ont tous expliqué cette persévérance
Dont le sort s'attachait à les persécuter,

---

1. **Dernier excès** : comble.
2. **Extrémité** : malheur extrême.
3. **Votre hyménée** : un mariage avec vous.
4. **Variante** (éditions de 1671 et 1687) : « Et je vois bien qu'après tous les pas que j'ai faits. »
5. **Prêt... d'abandonner** : « prêt » se construit au XVIIᵉ siècle avec « de », dans le sens de « prêt à ».
6. **Fers** : chaînes de l'esclavage amoureux (vocabulaire précieux, voir p. 222).
7. **Plus d'un Romain** : ceux des Romains qui ont trouvé dans le suicide la fin de leur souffrance.

Comme un ordre secret de ne plus résister[1].
1415 Si vos pleurs plus longtemps viennent frapper ma vue,
Si toujours à mourir je vous vois résolue,
S'il faut qu'à tous moments je tremble pour vos jours,
Si vous ne me jurez d'en respecter le cours,
Madame, à d'autres pleurs vous devez vous attendre.
1420 En l'état où je suis je puis tout[2] entreprendre,
Et je ne réponds pas que ma main à vos yeux
N'ensanglante à la fin nos funestes adieux.

BÉRÉNICE

Hélas !

TITUS

Non, il n'est rien dont je ne sois capable.
Vous voilà de mes jours maintenant responsable.
1425 Songez-y bien, Madame. Et si je vous suis cher...

---

1. **Ne plus résister :** ne plus s'opposer aux signes du destin qui conseillent de mourir.
2. **Tout :** et en particulier tenter le suicide (sous-entendu).

Repères

• La scène 6 est en continuité directe avec la scène 5 : quelles raisons dramatiques et psychologiques ont fait sortir de scène Phénice ?
• La scène précédente avait créé un dialogue entre les deux personnages, même si celui-ci était marqué par le dépit et l'insatisfaction. Pourquoi la scène 6 se résume-t-elle à un long monologue de Titus ?

Observation

Vers 1363-1389
• Relevez les termes exprimant les craintes passées et présentes de Titus. Quels vers expriment l'intensité de la douleur de Titus ?
• Analysez le jeu des adjectifs possessifs au vers 1368.
• Analysez les vers 1383-1384 : pourquoi sont-ils une des clés de la pièce ?
• Pourquoi le thème des yeux est-il encore présent dans ces vers ?
• Pourquoi tout ce début est-il au passé ?

Vers 1390-1406
• Quel mot établit la rupture avec la partie précédente ?
• En quoi consiste le changement dans l'attitude de Titus ?
• Quel est l'intérêt du « Oui » du vers 1399 ?
• Relevez les termes exprimant les idées de gloire et, à l'opposé, de honte.

Vers 1407-1422
• Analysez le raisonnement de Titus et son chantage au suicide. Son argumentation est-elle égoïste ou désespérée ? Pourquoi ?
• Relevez dans la tirade les diverses images illustrant les thèmes de la chute, du chemin et de la quête. Que pouvez-vous en déduire ?

Interprétations

Titus se décide
• Pourquoi les superlatifs, les litotes, les euphémismes sont-ils aussi nombreux dans la scène 6 ?
• Du vocabulaire de la gloire ou du vocabulaire de la faiblesse, qu'est-ce qui l'emporte ? Selon vous, Titus est-il maître de lui-même ?
• Quelle décision Titus prend-il dans la scène 6 ? Quels vers prouvent qu'elle est inébranlable ?

Scène 7. Titus, Bérénice, Antiochus.

TITUS

Venez, Prince, venez, je vous ai fait chercher[1].
Soyez ici témoin de toute ma faiblesse ;
Voyez si c'est aimer avec peu de tendresse :
Jugez-nous.

ANTIOCHUS

Je crois tout : je vous connais tous deux.
1430 Mais connaissez vous-même un prince malheureux[2].
Vous m'avez honoré, Seigneur, de votre estime ;
Et moi, je puis ici vous le jurer sans crime[3],
À vos plus chers amis j'ai disputé ce rang :
Je l'ai disputé même aux dépens de mon sang.
1435 Vous m'avez, malgré moi, confié l'un et l'autre,
La reine son amour, et vous, Seigneur, le vôtre.
La reine, qui m'entend, peut me désavouer :
Elle m'a vu toujours, ardent à vous louer,
Répondre par mes soins à votre confidence[4].
1440 Vous croyez m'en devoir quelque reconnaissance ;
Mais le pourriez-vous croire[5] en ce moment fatal,
Qu'un ami si fidèle était votre rival ?

TITUS

Mon rival !

ANTIOCHUS

Il est temps que je vous éclaircisse.
Oui, Seigneur, j'ai toujours adoré Bérénice.
1445 Pour ne la plus aimer, j'ai cent fois combattu.

---

1. **Chercher** : la prononciation du « r » permettait la rime avec « cher » (v. 1425).
2. Variante (éditions de 1671 et 1687) : « Je crois tout : je connais votre amour. / Mais vous, connaissez-moi, Seigneur, à votre tour. »
3. **Sans crime** : sans être accusé de mensonge.
4. **Confidence** : confiance.
5. Variante (éditions de 1671 et 1687) : « Mais croiriez-vous, Seigneur. » (La correction rend le vers plus fluide.)

Je n'ai pu l'oublier ; au moins je me suis tu.
De votre changement la flatteuse apparence
M'avait rendu tantôt quelque faible espérance.
Les larmes de la reine ont éteint cet espoir.
1450 Ses yeux, baignés de pleurs, demandaient à vous voir.
Je suis venu, Seigneur, vous appeler moi-même ;
Vous êtes revenu. Vous aimez, on vous aime ;
Vous vous êtes rendu : je n'en ai point douté.
Pour la dernière fois je me suis consulté ;
1455 J'ai fait de mon courage une épreuve dernière ;
Je viens de rappeler ma raison tout entière :
Jamais je ne me suis senti plus amoureux.
Il faut d'autres efforts pour rompre tant de nœuds :
Ce n'est qu'en expirant que je puis les détruire ;
1460 J'y cours[1]. Voilà de quoi j'ai voulu vous instruire.
Oui, Madame, vers vous j'ai rappelé ses pas :
Mes soins[2] ont réussi, je ne m'en repens pas.
Puisse le ciel verser sur toutes vos années
Mille prospérités l'une à l'autre enchaînées !
1465 Ou s'il vous garde encore un reste de courroux,
Je conjure les dieux d'épuiser tous les coups
Qui pourraient menacer une si belle vie[3],
Sur ces jours malheureux que je vous sacrifie.

BÉRÉNICE, *se levant.*
Arrêtez, arrêtez[4]. Princes trop généreux,
1470 En quelle extrémité me jetez-vous tous deux !
Soit que je vous[5] regarde, ou que je l'envisage[6],
Partout du désespoir je rencontre l'image.
Je ne vois que des pleurs, et je n'entends parler
Que de trouble, d'horreurs, de sang prêt à couler.

---

1. **J'y cours** : rejet (voir p. 222).
2. **Mes soins** : mes efforts pour vous réconcilier.
3. **Une si belle vie** : celle de Bérénice.
4. Bérénice arrête Antiochus, qui s'apprête à sortir.
5. **Vous** : Antiochus.
6. **L'envisage** : regarde Titus en face.

Bérénice (Nathalie Nell).
Mise en scène de Jacques Lassalle, T.N.S., 1990.

(À Titus.)

1475 Mon cœur vous est connu, Seigneur, et je puis dire
Qu'on ne l'a jamais vu soupirer pour l'empire.
La grandeur des Romains, la pourpre des Césars
N'ont point, vous le savez, attiré mes regards.
J'aimais, Seigneur, j'aimais, je voulais être aimée.
1480 Ce jour[1], je l'avoûrai[2], je me suis alarmée :
J'ai cru que votre amour allait finir son cours.
Je connais mon erreur, et vous m'aimez toujours.
Votre cœur s'est troublé, j'ai vu couler vos larmes :
Bérénice, Seigneur, ne vaut point tant d'alarmes,
1485 Ni que[3] par votre amour l'univers malheureux,
Dans le temps que Titus attire tous ses vœux
Et que de vos vertus il goûte les prémices,
Se voie[4] en un moment enlever ses délices[5].
Je crois, depuis cinq ans jusqu'à ce dernier jour,
1490 Vous avoir assuré d'un véritable amour.
Ce n'est pas tout : je veux, en ce moment funeste,
Par un dernier effort couronner tout le reste :
Je vivrai, je suivrai vos ordres absolus.
Adieu, Seigneur, régnez : je ne vous verrai plus.

(À Antiochus.)

1495 Prince, après cet adieu, vous jugez bien vous-même
Que je ne consens pas de[6] quitter ce que j'aime
Pour aller loin de Rome écouter d'autres vœux[7].
Vivez, et faites-vous un effort généreux.
Sur Titus et sur moi réglez votre conduite.
1500 Je l'aime, je le fuis ; Titus m'aime, il me quitte.

---

1. **Ce jour :** aujourd'hui.
2. **Je l'avoûrai :** voir les vers 869 et 884.
3. **Ni que :** et ne vaut pas non plus que.
4. **Se voie :** le sujet de ce verbe est « l'univers » (v. 1485).
5. **Délices :** selon Suétone, Titus fut surnommé « les délices du genre humain ».
6. **De :** à.
7. **Vœux :** ici, déclarations d'amour.

Portez loin de mes yeux vos soupirs et vos fers.
Adieu : servons tous trois d'exemple à l'univers
De l'amour la plus tendre[1] et la plus malheureuse
Dont il puisse garder l'histoire douloureuse.
1505 Tout est prêt. On m'attend. Ne suivez point mes pas.
(*À Titus.*)
Pour la dernière fois, adieu, Seigneur.

ANTIOCHUS

Hélas !

---

1. **L'amour la plus tendre :** voir le vers 1191.

Repères

• Montrez que le vers 1426 est en continuité avec le vers 1362.
• Qu'attendons-nous après le vers 1302 ? Pourquoi le retour sur scène d'Antiochus provoque-t-il une surprise du spectateur ?

Observation

Vers 1426-1442

• Rapprochez le vers 1428 du vers 1292. Quel est l'intérêt du mot « témoin » (v. 1427) ?
• Étudiez le jeu des pronoms personnels dans la tirade d'Antiochus, et montrez qu'il définit bien le jeu à trois des principaux personnages.
• Quel contresens Antiochus fait-il à propos des paroles de Titus ?
• Montrez que tous les vers de la tirade convergent sur le mot « rival ».

Vers 1443-1468

• Quels vers prouvent qu'Antiochus croit Titus et Bérénice réconciliés ? Étudiez l'opposition du thème de l'illusion à celui de la raison.
• Le projet de suicide d'Antiochus a-t-il le même sens qu'à la scène 4 de l'acte V ?
• Relevez les éléments qui confèrent à la tirade un caractère rhétorique et solennel. Quels rythmes et sonorités donnent une impression de poésie pure ?

Vers 1469-1506

• Pourquoi le verbe « aimer » est-il si souvent répété ?
• Quelle décision a prise Bérénice ? Quel élément l'a déterminée dans sa prise de décision (v. 1480-1483) ?
• Dans les vers 1493-1494, montrez que, pour la première fois, la vue n'est plus associée à l'idée de vie.
• Commentez les vers 1499-1500.

Interprétations

Le dénouement

• Quand le dénouement intervient-il ? Quelle conduite Bérénice exige-t-elle de Titus et d'Antiochus ?
• Bérénice est-elle, selon vous, victorieuse ou vaincue, à l'issue de cette scène ?
• Le « Hélas » final a été très critiqué : comment l'interprétez-vous et le jugez-vous ?

L'action

• Étudiez l'enchaînement des scènes et la manière dont le dénouement est continuellement différé.

• Analysez les jeux de scène qui font apparaître et disparaître Antiochus de la scène : comment se justifient-ils dramatiquement ? Le personnage d'Antiochus est-il nécessaire au dénouement ? Pourquoi ?

Les personnages

• L'attitude d'Antiochus dans l'acte V relève de la générosité. En quoi cette générosité est-elle cependant différente de la générosité des personnages cornéliens ?

• Comment Titus peut-il, à la fois, faire preuve d'une lucidité égoïste et éprouver une douleur extrême ?

• Quelles sont les décisions successives prises par Bérénice au cours de l'acte ? Comment interpréter son personnage : est-elle maîtresse d'elle-même ? anéantie ? Pourquoi ? Quelle signification donnez-vous à son départ ?

• Le terme de « sacrifice » est plusieurs fois employé dans la pièce. Montrez que Titus n'a cessé d'exiger un sacrifice volontaire de la part de Bérénice et que celui-ci s'accomplit enfin à l'acte V.

Une fin tragique ?

On étudiera les thèmes du suicide et de la mort au cours de l'acte V ; s'il n'y a pas mort physique dans le dénouement, en quoi y a-t-il anéantissement moral ? Ce dénouement qui ne fait pas couler de sang n'est-il pas authentiquement tragique ? On pourra notamment se référer aux remarques de Racine lui-même dans le début de sa Préface.

Le jugement de Voltaire

On conclura avec l'analyse de Voltaire, qui, malgré certaines réticences portant sur l'ensemble de la pièce, ne peut s'empêcher d'admirer la fin de *Bérénice* :

« Je n'ai rien à dire de ce cinquième acte, sinon que c'est en son genre un chef-d'œuvre, et qu'en le relisant avec des yeux sévères, je suis encore étonné qu'on ait pu tirer des choses si touchantes d'une situation qui est toujours la même ; qu'on ait trouvé encore de quoi attendrir, quand on paraît avoir tout dit ; que même tout paraisse neuf dans ce dernier acte, qui n'est que le résumé des quatre précédents : le mérite est également à la difficulté, et cette difficulté était extrême. On peut être un peu choqué qu'une pièce finisse par un "hélas !". Il fallait être sûr de s'être rendu maître du cœur des spectateurs pour oser finir ainsi. » (*Commentaire sur « Bérénice ».*)

Comment lire l'œuvre

L'action

L'intrigue

La pièce est construite autour de cette interrogation : comment Titus parviendra-t-il à expliquer à Bérénice qu'il a décidé de la renvoyer en Orient ? Ce message que Titus n'a pas la force de délivrer s'exprime par la voix d'Antiochus. Bérénice se refuse d'abord à y croire, puis elle l'intériorise au point de le reprendre à son propre compte, en décidant son départ immédiat.

L'acte d'Antiochus (acte I)

Au moment où la reine Bérénice est sur le point d'épouser le nouvel empereur romain Titus, Antiochus, le roi de Comagène (voir p. 214), s'apprête, après cinq ans d'amour muet, à déclarer ses sentiments à Bérénice, avant de quitter Rome pour toujours (scènes 2 et 3). Bérénice reçoit froidement cet aveu (scène 4), mais sa confidente Phénice lui reproche ensuite de ne pas avoir « gardé en réserve » cet amoureux fidèle, au cas où Rome ferait obstacle à son mariage avec Titus. Émue par l'évocation de Titus pendant l'apothéose de Vespasien (cérémonie funèbre qui le met au rang des dieux), Bérénice repousse les arguments de sa confidente.

La décision de Titus (acte II)

L'acte II est l'acte de Titus. Avec son confident Paulin, il analyse les raisons qui le poussent à ne pas épouser Bérénice : Titus a pris sa décision, mais il ne sait pas comment l'annoncer à Bérénice (scène 2). Quand celle-ci survient, Titus lui oppose un silence glacé (scène 4). Bérénice se trouble, mais se rassure vite en s'imaginant que Titus est jaloux d'Antiochus (scène 5).

Bérénice apprend qu'elle doit partir (acte III)

Antiochus est au centre de l'acte III : présent dans toutes les scènes, il est l'intermédiaire indispensable entre Titus et Bérénice qui permet à l'action d'avancer. Titus demande en effet à Antiochus de délivrer à Bérénice le message d'adieu et de départ qu'il n'a pas osé lui adresser lui-même (scène 1). Après quelques hésitations (scène 2), Antiochus est contraint par l'arrivée inopinée de Bérénice de lui signifier la décision de Titus (scène 3). La reine éclate en reproches et se refuse à croire Antiochus.

La confrontation de Titus et Bérénice (acte IV)

L'action culmine à l'acte IV : toutes les scènes secondaires sont destinées à encadrer la scène 5, moment de l'explication tant attendue entre Titus et Bérénice. La reine tente de fléchir Titus, mais il reste sur ses positions. Elle sort menaçante. Brisé par cette entrevue, Titus est encouragé dans sa décision par Paulin. Pourtant, l'irruption d'Antiochus, désespéré, semble ramener Titus vers Bérénice, qui a menacé de se tuer (scènes 7 et 8).

Le départ de Bérénice (acte V)

L'acte V est dominé par Bérénice, qui assume désormais la décision de Titus : elle est prête à partir. Titus, découvrant qu'elle veut en fait se tuer, lui déclare qu'il ne l'épousera pas, mais qu'il se tuera si elle se suicide (scènes 5 et 6). Le retour d'Antiochus, que l'on avait pu croire lui aussi tenté par le suicide, amène une explication entre les deux hommes. Devant leur désespoir, un sursaut anime Bérénice : elle part, sans se donner la mort, abandonnant Titus à sa gloire et Antiochus à ses souvenirs (scène 7). Le « Hélas » final donne le ton de cette tragédie sans mort violente, qui se termine cependant par un véritable suicide moral : celui de l'héroïne.

Le schéma narratif

Racine a voulu réaliser une gageure : une pièce où il ne se passe presque rien. Il en résulte une action presque linéaire, très facile à suivre pour le spectateur :

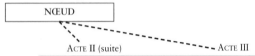

EXPOSITION

ACTE I   ACTE II, scènes 1 et 2

Les points de vue d'Antiochus, de Bérénice et de Titus nous sont successivement dévoilés.

NŒUD

ACTE II (suite)   ACTE III

Titus s'arrange pour qu'Antiochus expose à Bérénice ses propres ordres : elle doit partir.

PÉRIPÉTIES

ACTE IV   ACTE V, scènes 1 à 4

Bérénice s'efforce de faire revenir Titus sur sa décision, et celui-ci souffre de la douleur de Bérénice. La situation est encore ouverte.

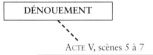

DÉNOUEMENT

ACTE V, scènes 5 à 7

Bérénice accepte de partir et de vivre loin de Titus. Elle exige de Titus et d'Antiochus la même volonté de vivre.

L'enchaînement des actes

Acte d'exposition, l'acte I présente la situation, les liens qui unissent les différents personnages et, en particulier, l'espoir conçu par Bérénice : épouser Titus et devenir impératrice. Mais, dès le deuxième acte, lors de sa conversation avec Paulin, Titus est résolu à signifier son congé à Bérénice. Pourtant, face à celle-ci, sa voix se brise. Il a donc recours à un stratagème (acte III) : Antiochus sera son intermédiaire. Il faut attendre l'acte IV, où l'émotion est à son comble, pour que Titus explique clairement à la reine qu'il la renvoie. L'acte V est encore nécessaire pour montrer l'acceptation de Bérénice, victime consentante qui prend à son compte l'initiative du départ, alors que Titus chancelant tergiverse encore. Aucun événement extérieur à l'action n'intervient donc dans l'enchaînement des actes qui relève bien de la simplicité réclamée par Racine.

Allers et retours

Les trajectoires de Titus et Bérénice

Durant toute la pièce, Titus balance entre deux mouvements contradictoires : d'une part, il a un message à délivrer à Bérénice (message qui finira par être accepté et intériorisé par celle-ci) ; d'autre part, son être tout entier est pris d'un mouvement de recul et de fuite devant cette maîtresse dont il a peur.

Bérénice, de son côté, est animée par le mouvement inverse qui la pousse à rechercher constamment Titus. Dès l'acte I, elle exprime sa volonté de le voir (v. 323-324). Elle fait ensuite irruption devant Titus (acte II, v. 553 et suivants). Mais le silence qu'il lui oppose ne lui apporte pas la réponse souhaitée. À l'acte III, elle rencontre Antiochus quand elle cherchait Titus (v. 851 à 853). Puis, ayant pris connaissance des volontés de l'empereur, elle refuse de les admettre, et, entre l'acte III et l'acte IV, elle envoie Phénice le chercher. L'acte IV voit enfin la véritable rencontre des deux amants : c'est le sommet de la pièce ; Bérénice a réussi à voir Titus et à lui parler, mais c'est pour s'entendre confirmer son départ. Sa décision est alors prise : le mouvement qui la poussait en direction de Titus est désormais renversé, elle veut le fuir (v. 1303-1304).

Les deux héros ont donc inversé leur trajectoire : Titus, qui fuyait Bérénice, lui a parlé, tandis que celle-ci, qui recherchait désespérément son amant, décide de s'éloigner de lui. Ces mouvements de fuite et de quête sont essentiels pour comprendre la tragédie : ils lui assurent un rythme fait d'avancées et de reculs qui tient le spectateur en haleine.

Antiochus, personnage nécessaire

Cependant, pour que ce rythme puisse s'établir, et que les deux héros puissent parfois se rencontrer, il faut un intermédiaire : c'est Antiochus. Il intervient surtout dans les actes impairs, ceux où Titus et Bérénice ne se rencontrent que peu, ou pas. L'acte III est le plus significatif, puisque c'est celui où Antiochus assume pleinement sa fonction de messager. Mais cet acte est surtout le maillon indispensable entre l'acte II, où Titus déclare ses intentions, et l'acte IV, où Titus et Bérénice s'expliquent.

Si l'acte I a parfois été jugé inutile, la déclaration d'amour qu'Antiochus y adresse à Bérénice (acte I, scène 4) donne à l'acte III une dimension extraordinaire : quand Antiochus doit lui signifier son départ, elle sait que ce dernier l'aime, et des relations très complexes, faites d'amour, de haine et de non-dits, sont ainsi établies entre les personnages.

Émouvoir le spectateur

Le jeu des passions

Racine demandait que « l'action simple » de sa pièce soit soutenue par la « violence des passions ». Si l'on veut que le spectateur soit ému et touché, il faut en effet qu'il se passe quelque chose sur la scène.

Or, l'intérêt du spectateur est constamment renouvelé. D'abord par les questions fondamentales qui se posent au cours de la pièce : Titus parviendra-t-il à se faire entendre de Bérénice ? Bérénice obtiendra-t-elle le revirement de Titus ? Ensuite, par la violence des passions exprimées. Ainsi

Bérénice est-elle dominée par l'amour dévorant qu'elle ressent pour Titus, amour passionné et inquisiteur de la femme mûre pour l'homme plus jeune qu'elle, dont elle ne peut se passer, et qu'elle veut voir, toucher à toute heure. Au moment de la rupture, à la fin de l'acte IV, la passion amoureuse, se croyant trahie, fait place au désir de vengeance. Cependant, à la fin de la pièce, quand Bérénice ne peut plus rien contre la décision de Titus, elle retourne son caractère passionné contre elle-même, acceptant de se détruire moralement en décidant de partir.

Titus, quant à lui, est habité par deux passions contradictoires : sa passion, ancienne, pour Bérénice, dont il essaie de se libérer ; et celle, nouvelle, pour le pouvoir et la gloire. Le jeu – très riche – de ces deux passions permet au personnage d'osciller d'un extrême à l'autre, jusqu'à ce que sa volonté de gloire anéantisse les souvenirs de l'amour.

Antiochus est lui aussi habité par la passion qu'il ressent pour Bérénice. Il cultive un véritable érotisme de la douleur qui le pousse à se complaire dans son malheur. Complexe, tourmenté, incapable de trouver le bonheur, Antiochus confère à la pièce une richesse de sentiments étonnante par la violence de son amour, la douceur de ses vers, la pertinence de ses analyses (il refuse d'éclairer Bérénice sur les décisions de Titus), mais aussi ses erreurs d'interprétation (pendant presque tout l'acte V, il croit que Titus va épouser Bérénice).

Péripéties

Un autre moyen de renouveler l'attention du spectateur est de créer des péripéties. Celles que Racine exploite sont de plusieurs sortes.

La péripétie principale (Titus décide de renvoyer Bérénice) permet au spectateur d'observer comment Bérénice accède peu à peu à la lucidité et à la compréhension et perd ses illusions. L'acte I montre une héroïne jouissant de son bonheur de future impératrice. Cependant, une petite phrase de Phénice nous fait dresser l'oreille : « Rome hait tous les rois, et Bérénice est reine » (v. 296). Après avoir entendu le message délivré par Antiochus, elle refuse de le croire, mais avoue : « Hélas ! pour me tromper, je fais ce que je puis » (v. 918). Le spectateur connaît souvent dès le départ le *Dimisit invitus invitam* (« il la renvoya malgré lui et malgré elle ») de Suétone ; cependant, il vit les angoisses et les espoirs de Bérénice et se demande constamment si l'héroïne ne parviendra pas à renverser le cours de l'histoire.

Le personnage d'Antiochus permet lui aussi d'introduire dans l'intrigue un certain nombre de péripéties. En effet, comme Oreste dans *Andromaque*, Antiochus est celui qui aime sans être aimé. Et l'union qu'il souhaite réaliser avec Bérénice est tributaire des décisions de Titus. Ainsi, à l'acte III, Arsace lui prouve qu'il a lieu de se réjouir puisque Titus renvoie Bérénice, mais, par un mouvement de balancier, l'acte V le fait sombrer dans le désespoir quand Titus semble se montrer de nouveau plein d'amour pour la reine, ôtant toutes ses illusions à Antiochus.

Racine renouvelle également l'intérêt du spectateur par le chantage au suicide auquel se livrent Bérénice (acte IV, scène 5 et acte V, scène 5) et Titus (acte V, scène 6). Quant à Antiochus, il a des velléités de suicide dans les deux derniers actes, si bien que le spectateur n'est jamais sûr que ce personnage soit encore en vie.

Ainsi, ces diverses péripéties, d'ordre purement moral ou sentimental, alimentent-elles la pièce de façon constante.

Évolution parallèle de l'intrigue et de la structure dramatique

Racine ménage l'incertitude jusqu'à la fin, et le dénouement n'est connu que dans les derniers vers de la pièce. Antiochus lui-même se laisse prendre aux vers énigmatiques de Titus : « […] Je veux bien que vous-même / Pour la dernière fois vous voyez si je l'aime » (v. 1291-1292). Le spectateur s'interroge lui aussi, attendant un ultime sursaut de Titus, ou de Bérénice.

L'enchaînement des scènes rend compte de cette incertitude grandissante. Il semble en effet moins rationnel à mesure que l'on s'approche du dénouement et contribue à donner à chaque acte sa tonalité propre. Avec leur nombre de scènes limité, les actes I et II concentrent l'intérêt : le premier sur les rapports d'Antiochus et de Bérénice, le deuxième sur les rapports de Titus et de Bérénice. Les scènes s'y enchaînent rigoureusement, débouchant sur une réflexion chaque fois plus inquiète de Bérénice. L'acte III est centré sur la scène 3, que les scènes précédentes et suivantes ne font qu'encadrer. En revanche, le début de l'acte IV est beaucoup plus chaotique : Bérénice attend Titus, mais elle passe dans ses appartements au moment où celui-ci arrive ; faut-il y voir une conséquence des contraintes de l'unité de lieu (Bérénice doit se retirer afin de laisser Titus s'exprimer dans son monologue) ? Mais Racine aurait fort bien pu changer l'ordre des scènes et, s'il a créé ce rythme brisé, c'est probablement pour traduire l'agitation qui s'empare de Bérénice. De la même façon, à l'acte V, les apparitions et la disparition d'Antiochus (qui parle de suicide) ménagent une tension accrue et contribuent à donner cette impression d'égarement qui domine la fin de la pièce.

L'enchaînement des scènes

Tableau

SCÈNES PERSONNAGES	ACTE I					ACTE II					ACTE III			
	1	2	3	4	5	1	2	3	4	5	1	2	3	4
Titus														
Paulin														
Suite														
Rutile														
Arsace														
Antiochus														
Bérénice														
Phénice														

Questions et remarques

• Le théâtre classique obéit à des règles bien précises relatives à la succession des scènes : il faut à tout prix éviter que le plateau ne reste vide et assurer une continuité harmonieuse entre les scènes.
• Cette continuité résultera de plusieurs moyens techniques. Le plus courant est ce qu'on appelle la **liaison de présence** : la liaison entre deux scènes est assurée par la présence sur scène d'au moins un même personnage, tandis que d'autres se rajoutent ou s'en vont. On peut également recourir à la **liaison de fuite**, quand un personnage entre en scène à la poursuite d'un autre qui s'en va pour le fuir ; une telle liaison est prohibée par les puristes. On parlera également de **liaison de recherche**, liaison assez proche de la précédente, quand un personnage quitte la scène juste au moment où, par hasard, un autre entre sur scène, généralement dans l'intention de le voir. La **liaison de bruit**, extrêmement rare, est également envisagée par les théoriciens quand un personnage quitte la scène ou entre en scène parce qu'il a entendu un bruit qui l'alerte.

des présences

ACTE IV									ACTE V						
1	2	3	4	5	6	7	8	9	1	2	3	4	5	6	7

• Racine, généralement très respectueux des règles classiques, a utilisé ces différents moyens d'enchaîner les scènes. On pourra étudier quel type de liaison est privilégié dans les trois premiers actes, et pourquoi les liaisons changent dans les deux derniers actes.

• On comptera le nombre de scènes où apparaît chacun des principaux personnages. Quel personnage apparaît le plus ? Cette constatation correspond-elle à votre attente ? Qu'en déduisez-vous ?

• Si l'on recense le nombre de vers prononcés par chaque personnage, Titus en prononce 496, Bérénice 397, et Antiochus 350 ou 366 selon que l'on garde ou non la dernière scène de l'acte IV. Qu'en concluez-vous ?

• Quelle place occupe Antiochus par rapport à Titus et à Bérénice ?

• Quand les trois personnages principaux sont-ils réunis sur scène ? Que signifie cette réunion pour l'interprétation de la pièce ?

Le schéma actantiel

L'analyse psychologique traditionnelle mettait l'accent sur la personnalité de Bérénice, présentée comme le personnage principal de la pièce : ses illusions, sa prise de conscience progressive, la montée de la douleur, les sursauts de révolte et l'acceptation finale étaient ressentis comme l'intérêt majeur de la pièce.

Mais l'analyse actantielle va nous montrer que les enjeux d'une pièce peuvent être perçus de manière différente. Il s'agit en effet d'analyser les rapports de force qui existent entre les différents personnages, voire entre certaines puissances invisibles ou abstractions qui influent sur le cours de la pièce.

Ces nouveaux schémas ont été inspirés par les analyses de Vladimir Propp sur la *Morphologie du conte* (1928) et repris en 1966 par A.-J. Greimas dans sa *Sémantique structurelle*. Les travaux d'Anne Ubersfeld sur le théâtre ont contribué à répandre ces modèles.

On analysera chaque personnage principal comme **sujet** de l'action, poursuivant un **objet.** Ce personnage sera poussé à agir par un **destinateur**, qui peut être un personnage ou une action, et un **destinataire** sera le bénéficiaire de l'action du sujet. Un ou plusieurs **adjuvants** aideront le sujet dans la réalisation de sa quête ou de son désir, tandis que des **opposants** y mettront obstacle. Les adjuvants et les opposants se situeront d'ailleurs parfois à des niveaux divers, selon qu'ils influent plus sur le sujet ou sur les rapports entre le sujet et l'objet.

Bérénice

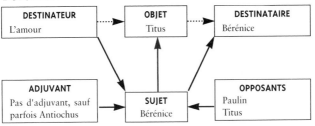

Un tel schéma révèle la solitude de Bérénice, qui n'a pas d'adjuvant, sauf le malheureux Antiochus, qui ne peut lui faire que du mal quand il lui parle de son amour, ou quand il se fait, malgré lui, le messager de Titus. Inversement, toute la puissance romaine est liguée contre elle, à travers le personnage de Paulin, et parce que, depuis le début de la pièce, Titus a rejoint le clan romain. Ce schéma fait également apparaître l'égoïsme de Bérénice, qui aime Titus de façon désintéressée, certes, mais qui devrait être la bénéficiaire de sa quête amoureuse.

Titus

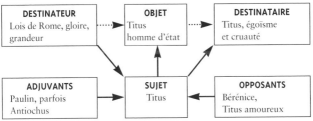

On observe que Titus occupe presque toute la place dans ce schéma, alors que Bérénice en est quasi absente. Si l'on joint ces remarques au fait que Titus est le personnage qui apparaît le plus souvent sur scène et qui prononce le plus grand nombre de vers, on peut en déduire que, du point de vue de l'action, Titus est le personnage principal de la pièce. On se rend compte que le débat se situe moins entre Titus et Bérénice (situation que Titus s'efforce au maximum d'éviter) qu'entre Titus et Rome, et Titus et lui-même. En quittant Bérénice, c'est le Titus amoureux qu'il abandonne pour lui substituer Titus empereur :

« Mon amour m'entraînait ; et je venais peut-être
Pour me chercher moi-même, et pour me reconnaître. »

Titus, acte V, scène 6 (v. 1383-1384).

De ce point de vue, Titus est bien le moteur de l'action.

Antiochus

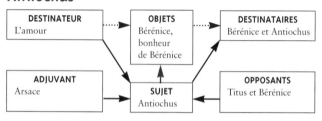

Ce schéma montre en Antiochus un personnage beaucoup plus désintéressé que les précédents, puisqu'il est toujours tourné vers les autres. On peut voir également sa vocation à l'échec dans le fait que les deux personnages principaux, Titus et Bérénice, sont pour lui des opposants.

Rome

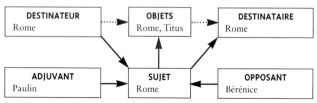

Aux trois personnages principaux il faut ajouter une force cachée, qui joue un rôle prépondérant, à savoir Rome, avec ses traditions, ses impératifs historiques et moraux, et les regards de la foule. C'est en effet la pensée de Rome qui impose au nouvel empereur le sentiment de sa gloire et de ses devoirs, et le renoncement à Bérénice. On remarquera à quel point le schéma actantiel de Rome est contraignant, puisque Rome y figure à la fois comme destinateur, sujet, destinataire, objet, et trouve même en Paulin un personnage qui symbolise ses prétentions sur scène. Un tel schéma, joint à celui de Titus, montre que, loin d'être une pure élégie, la pièce est sous-tendue par des fondements dramatiques, historiques et politiques évidents.

Les personnages
Titus, cruel et racinien

« Me souviendrai-je alors de mon triste devoir ?
Pourrai-je dire enfin : "Je ne veux plus vous voir" ?
Je viens percer un cœur qui m'adore, qui m'aime,
Et pourquoi le percer ? Qui l'ordonne ? Moi-même. »

Titus, acte IV, scène 4 (v. 997-1000).

« Hé bien ! régnez, cruel ; contentez votre gloire :
Je ne dispute plus, j'attendais, pour vous croire,
Que cette même bouche, après mille serments
D'un amour qui devait unir tous nos moments,
Cette bouche, à mes yeux s'avouant infidèle,
M'ordonnât elle-même une absence éternelle. »

Bérénice, acte IV, scène 5 (v. 1103-1108).

« *Bérénice* n'est donc pas une tragédie du sacrifice, mais l'histoire d'une répudiation que Titus n'ose pas assumer. Titus est déchiré, non entre un devoir et un amour, mais entre un projet et un acte. »

Roland Barthes, *Sur Racine*, 1963.

Si l'on s'en tient au titre de la pièce, Bérénice en est le personnage principal. Mais si l'on observe que Titus prononce le tiers des vers, soit une centaine de plus que Bérénice, si l'on ajoute que c'est lui qui est le plus souvent présent sur scène, on pourra voir dans Titus le personnage central de la pièce. Le schéma actantiel nous permet en effet de voir en Titus le moteur initial de l'action, puisque, dès le départ, il a décidé de renvoyer Bérénice.

Personnage cruel, qui, dans le passé, a participé aux débauches de Néron, qui a accompli le sac de Jérusalem, il fait souffrir autour de lui : Bérénice, en la renvoyant, et Antiochus, involontairement, en le manipulant. Cette cruauté ne l'empêche pas de souffrir lui-même, de la faiblesse bien humaine qui redoute les pleurs et les reproches de la femme aimée, et qui lui fait prononcer des vers tendres.

Les tergiversations de Titus, qui ne cesse de différer sa décision initiale sous l'empire de la mauvaise conscience, ont conduit à des interprétations très opposées du personnage : héros cornélien qui suit sa gloire et son devoir, ou jeune homme inconstant masquant sa faiblesse dans sa cruauté ? De même, il est bien difficile de savoir quel degré d'amour existe dans le cœur de Titus pour Bérénice, puisque, selon les moments et les personnages auxquels il s'adresse, il a recours à des formules ambiguës révélant tantôt la sincérité, tantôt le calcul. Racine s'est manifestement complu à brouiller les pistes, afin de montrer les contradictions de l'âme humaine.

L'aimable Bérénice

« Pour jamais ! Ah ! Seigneur, songez-vous en vous-même
Combien ce mot cruel est affreux quand on aime ?
Dans un mois, dans un an, comment souffrirons-nous,
Seigneur, que tant de mers me séparent de vous ? »

Bérénice, acte IV, scène 5 (v. 1111-1114).

Bérénice (Ludmila Mikaël)
dans la mise en scène de Klaus Michael Grüber,
Comédie-Française, 1984-1985.

« L'aimable Bérénice entendrait de ma bouche
Qu'on l'abandonne ? Ah ! Reine! et qui l'aurait pensé,
Que ce mot dût jamais vous être prononcé ! »

> Antiochus, acte III, scène 2 (v. 836-838).

« Bérénice, nous l'avons dit, combine en elle les deux images féminines – la tendre amante qu'on voudrait garder prisonnière, la
femme possessive dont on redoute l'emprise. »

> Charles Mauron,
> *L'inconscient dans l'œuvre et la vie de Racine.*

Trente ans, cinquante ans, quel âge donner à Bérénice ?
Racine ne nous livre aucune indication à ce sujet. La
Bérénice historique avait peut-être une quinzaine d'années de plus que Titus, mais tout nous autorise à voir une
femme encore jeune dans le personnage de Racine. Ce
flottement a permis aux metteurs en scène des lectures
très diverses du personnage : vieille maîtresse, femme
possessive et image maternelle, dont Titus se débarrasse-
rait, parvenant enfin à l'âge adulte après la mort de son
père ? Ou jeune amante que son âge rend d'autant plus
touchante ?

Psychologiquement, Bérénice est un personnage complexe.
Certes, elle ne cesse de proclamer son désintéressement :

« Mon cœur vous est connu, Seigneur, et je puis dire
Qu'on ne m'a jamais vu soupirer pour l'empire.»

> Acte V, scène 7 (v. 1475-1476).

Cependant, la douce, la tendre Bérénice est aussi une femme
possessive qui prétend conserver l'emprise qu'elle exerce sur
Titus, et si l'on analyse de près la scène 5 de l'acte IV, on
remarque que toutes les manifestations d'amour sont autant
d'arguments pour reconquérir le cœur de Titus ; il est donc
bien délicat d'établir la part du calcul, de la tendresse et de la
sincérité dans un tel duel amoureux ; l'amour lui-même
devient chantage.

L'histoire de Bérénice, dans cette pièce, c'est aussi l'histoire d'un sacrifice, d'une mise à mort morale, et le spectateur, pris de pitié, assiste à l'usure progressive, à la décomposition du personnage. Le comble de la cruauté, chez Titus, consiste à obtenir de Bérénice qu'elle consente à partir d'elle-même. Cette douleur vécue par la reine ne se fera pas sans cris de rage ou de vengeance, sans soubresauts qui accompagnent la prise de conscience, puis la décision finale du départ vers l'ailleurs, vers le vide.

L'usure du personnage peut, symboliquement, se lire dans l'évolution des mots qui riment avec le nom de Bérénice. À l'acte I, « Bérénice » rime avec « justice » (v. 79) et deux fois avec « impératrice » (v. 60 et v. 176). À l'acte II, « avertisse » (v. 331) et « obéisse » (v. 407) semblent trahir le trouble qui s'empare de la reine, tandis que « sacrifice » (v. 471) exprime déjà le sort qui lui est réservé. La rime avec « justice » (v. 771) semble peu significative à l'acte III, mais, à l'acte IV, « finisse » (v. 1115), « injustice » (v. 1187) traduisent la fin de l'idylle entre Titus et Bérénice, encore exprimée par le « haïsse » (v. 1335) de l'acte V. « Éclaircisse » (v. 1443) dans la scène finale, laisse peut-être entrevoir une lueur d'espoir dans le dénouement.

Antiochus, « cet ami fidèle »

« Rome vous vit, Madame, arriver avec lui.
Dans l'Orient désert quel devint mon ennui !
Je demeurai longtemps errant dans Césarée,
Lieux charmants où mon cœur vous avait adorée. »
Antiochus, acte I, scène 4 (v. 233-236).

« Je n'ai pas oublié, Prince, que ma victoire
Devait à vos exploits la moitié de sa gloire,
Que Rome vit passer au nombre des vaincus
Plus d'un captif chargé des fers d'Antiochus. »
Titus, acte III, scène 1 (v. 687-690).

« Double faible, humilié, vaincu… »

Roland Barthes.

Antiochus est d'abord une fonction dramatique, car il est indispensable à l'action : c'est lui qui établit le contact, maintenant presque impossible, entre Titus et Bérénice. Messager, il est celui qui parle pour autrui, ce qui fait également de lui un témoin, fonction qu'il assume malgré lui, alors qu'il aspirerait à jouer le premier rôle auprès de Bérénice.

Mais Antiochus est aussi un personnage extrêmement riche psychologiquement : condamné à voir et à observer sans qu'on fasse véritablement attention à lui, il connaît tous les degrés de la mélancolie et semble voué à toutes les douleurs : ne pas être aimé, annoncer le malheur à la femme qu'il aime, et même supplier Titus de revenir à Bérénice. Le ton d'Antiochus est celui de l'élégie, et les vers qu'il prononce comptent parmi les plus beaux de Racine.

Pourtant, Antiochus n'a pas toujours été ainsi, et Arsace est là pour nous rappeler ses exploits passés : c'est l'apparition de Bérénice, cinq ans auparavant, qui a transformé le héros des champs de bataille en chevalier servant fidèle et malheureux.

Les personnages secondaires

Aux trois personnages principaux correspondent trois personnages secondaires, ou confidents, dont la fonction principale est de permettre au personnage principal de s'exprimer. Ils sont d'autant plus indispensables dans une pièce comme *Bérénice*, où les protagonistes parviennent difficilement à se rencontrer, et ils assurent donc aussi une fonction de messager. Ils se répartissent en deux catégories : les Romains et les Orientaux.

Paulin incarne la conscience romaine et exprime la désapprobation de son peuple à l'égard du mariage de Titus avec une reine étrangère. Il est surtout présent dans l'acte II, dans un face-à-face saisissant avec Titus, où leurs points de vue se rencontrent, ainsi que dans l'acte IV, où il s'efforce de soutenir

Titus contre la tentation de céder devant Bérénice. Il incarne donc la rigueur de la loi romaine et s'oppose de front à tout ce qui incarne l'Orient. Il est l'opposant le plus farouche à Bérénice. La raideur et la fermeté de son style sont conformes à la raideur du personnage.

Arsace est, à l'opposé de Paulin, un Oriental, qui a suivi à Rome son maître Antiochus. Il possède le goût de la politique et de l'intrigue. Profondément attaché à Antiochus, il cherche à le servir par ses conseils et à calmer ses inquiétudes. Comme de nombreux confidents de Racine, il est victime de l'illusion qui consiste à croire que le temps pourra tout arranger. Arsace est en outre très utile pour donner au spectateur une vision différente d'Antiochus dont il ne cesse de rappeler les exploits et les mérites passés.

Paulin et Arsace ne sont donc pas des personnages négligeables : ils possèdent des personnalités contrastées, et prononcent un nombre suffisant de vers pour leur assurer une réelle présence sur scène.

Phénice, en revanche, est le plus souvent réduite au rôle d'utilité. Elle est sur scène pour écouter Bérénice, pour la laisser parler, mais jamais nous n'avons l'impression de véritable dialogue. À deux reprises (acte I, scène 5, v. 314 et acte II, scène 5, v. 636), Bérénice lui dit « Parle », mais la reine n'interrompt pas son discours, comme si elle parlait à une absente. Faisant partie du clan oriental, on ressent Phénice comme une ombre très affaiblie de Bérénice, donnant la réplique dans le climat élégiaque entretenu par Bérénice autour de Titus. On peut même voir son nom inventé par Racine pour donner la rime à Bérénice. Restant sur scène sans dire un mot, à plusieurs reprises, Phénice n'a donc pas le relief d'un Arsace ou d'un Paulin.

Le doux Racine ?

On parle souvent du « doux » Racine. Ce qualificatif ne doit cependant pas masquer la cruauté des sentiments et des situations, et la douceur présente dans bon nombre de vers ne doit pas davantage faire oublier la brutalité et la violence de certaines répliques.

Douceur des vers

Certains alexandrins d'une extrême douceur sont restés célèbres, à juste titre. Ainsi : « *Dans l'Orient désert quel devint mon ennui ! / Je demeurai longtemps errant dans Césarée, / Lieux charmants où mon cœur vous avait adorée* » (v. 234 à 236). L'harmonie provient d'abord de l'emploi de sonorités très douces formant des assonances et des allitérations qui créent autant d'échos à l'intérieur du vers. « *Les pleurs d'un empereur et les pleurs d'une reine* » (v. 1060) s'entend comme une plainte se répétant sans fin. Douceur, répétition des sonorités et des mots : la langue de Racine recherche la fluidité et rejette les hiatus.

Le célèbre vers de Bérénice, « *Que le jour recommence et que le jour finisse* » (v. 1115), avec la répétition du mot « *jour* », l'opposition de « *recommence* » et de « *finisse* », qui ont cependant le même son final, donne l'impression d'un éternel recommencement : la douceur confine alors à la mort.

Valeur évocatoire des noms

On a souvent remarqué que les tragédies de Racine utilisent un vocabulaire limité. Mais chaque mot est mis en valeur par sa place, par des jeux d'oppositions ou de répétitions. Dans ce registre lexical volontairement pauvre, les noms propres acquièrent une valeur poétique extraordinaire : les noms de personnes d'abord – notamment les noms si doux de Bérénice et de Phénice, surtout quand ils sont employés à la rime –, mais aussi les noms de lieux. Ces derniers se répartissent en deux catégories symboliques : Rome, d'un côté, tant de fois citée comme alibi de la décision de Titus, encadrée par les noms Italie, Ostie, Capitole ; l'Orient, de l'autre, et son cortège de lieux si souvent utilisés dans des rimes féminines : l'Arabie, Césarée, la Cilicie, Comagène, l'Euphrate, l'Idumée, la Judée, la Palestine, la Syrie…, mots dont la douceur semble prolonger le vers dans une sorte de rêve permettant d'échapper provisoirement à l'encerclement moral où se débattent les personnages. Ces noms de lieux si évocateurs figurent essentiellement dans la première moitié de l'œuvre, jusqu'à ce qu'Antiochus se trouve face à Bérénice pour lui annoncer la résolution de Titus, comme si désormais les lieux eux-mêmes ne pouvaient plus assumer cette fonction d'échappatoire dans le rêve qu'ils possédaient encore auparavant.

Le contraste des styles

L'élégie

L'élégie participe d'un lyrisme, d'une poésie des émotions tendre et triste. Elle est surtout présente dans le langage d'Antiochus, en particulier à l'acte I (scènes 2 et 4). Ce personnage, qualifié à tort de secondaire, prononce les plus beaux vers de la tragédie quand il évoque son amour malheureux pour Bérénice.

Bérénice retrouve parfois ces mêmes accents quand elle espère reconquérir le cœur de Titus en évoquant leur bonheur passé, opposé au vide de leur séparation à venir (acte V, scène 5) : « *Pour jamais ! Ah ! Seigneur, songez-vous en vous-même / Combien ce mot cruel est affreux quand on aime ?* » (v. 1111-1112).

Le style oratoire

Quand le sujet devient politique, notamment dans les entretiens entre Titus et Paulin, ou lorsque Titus analyse la situation dans un monologue, le style devient plus oratoire. Sans doute s'agit-il d'un effort conscient pour rivaliser avec les grandes tirades politiques de Corneille.

Comme ce dernier, Racine utilise alors de nombreuses figures de style : antithèses, répétitions, asyndètes, exclamations et interrogations (particulièrement nombreuses dans *Bérénice*), inversions, hyperboles, etc. L'emploi de ces figures, qui se greffe sur une composition solidement charpentée, donne aux tirades de Titus une structure très différente de celles d'Antiochus. Ainsi, dans la tirade des vers 422 à 445, la voix de Titus s'enfle progressivement jusqu'à l'exaspération pour aboutir, avec une rupture brutale, au célèbre : « *Pour jamais je vais m'en séparer* » (v. 446).

Cependant, un certain reste de fluidité dans ces vers, une composition moins rigoureuse et la référence constante au thème des pleurs distinguent la rhétorique racinienne de celle de Corneille.

Le style brisé

La douceur ou la majesté de nombreux vers contraste avec la violence de certaines répliques, qui sont surtout le fait de Bérénice. Ainsi, lorsque Antiochus lui annonce qu'elle doit partir, son emportement est extrême : « *Vous le souhaitez trop pour me persuader. / Non, je ne vous crois point. Mais, quoi qu'il en puisse être, / Pour jamais à mes yeux gardez-vous de paraître* » (v. 914 à 916). À la scène 5 de l'acte IV, quand Bérénice réalise qu'elle n'est pas parvenue à convaincre Titus, elle en appelle à la vengeance et le style se brise : « *Je ne vous parle plus de me laisser ici. / Qui ? moi ? j'aurais voulu, honteuse et méprisée, / D'un peuple qui me hait soutenir la risée ?* » (v. 1178 à 1180).

Les autres personnages connaissent également des moments d'émotion, et Racine casse alors le rythme des vers. L'alexandrin « *Mais il ne s'agit plus de vivre, il faut régner* » (v. 1102) est coupé d'une manière tout à fait inhabituelle (8/4), qui met en valeur l'impossibilité de vivre.

Les nombreux rejets et contre-rejets traduisent, de la même façon, une émotion intense : « *[...] Plus j'y pense, / Plus je sens chanceler ma cruelle constance* » (v. 547-548), avoue Titus. « *Dans vos secrets discours étais-je intéressée, / Seigneur ?* » (v. 583-584), demande passionnément Bérénice à Titus.

Et Antiochus, hésitant à se charger de la mission que lui a confiée Titus : « *Mais plutôt demeurons. Que faisais-je ? Est-ce à moi, / Arsace, à me charger de ce cruel emploi ?* » (v. 833-834).

Tour à tour élégiaque dans l'expression de la passion tendre et douloureuse, oratoire dans les débats politiques, violent ou brisé quand l'émotion se fait trop forte, le style de Racine épouse les diverses émotions qu'il veut exprimer. La qualité de ses vers fait de Racine non seulement un auteur tragique, mais aussi un poète.

Correspondances

La cruauté dans le théâtre de Racine
- *Andromaque*, acte III, scène 8 (v. 992-1011).
- *Iphigénie*, acte III, scène 5 (v. 897-922).
- *Phèdre*, acte V, scène 6 (v. 1498-1570).

–1–

Andromaque. — Dois-je les oublier, s'il ne s'en souvient plus ?
Dois-je oublier Hector privé de funérailles,
Et traîné sans honneur autour de nos murailles ?
Dois-je oublier son père à mes pieds renversé,
Ensanglantant l'autel qu'il tenait embrassé ?
Songe, songe, Céphise, à cette nuit cruelle
Qui fut pour tout un peuple une nuit éternelle ;
Figure-toi Pyrrhus, les yeux étincelants,
Entrant à la lueur de nos palais brûlants,
Sur tous mes frères morts se faisant un passage,
Et de sang tout couvert échauffant le carnage ;
Songe aux cris des vainqueurs, songe aux cris des mourants,
Dans la flamme étouffés, sous le fer expirants ;
Peins-toi dans ces horreurs Andromaque éperdue :
Voilà comme Pyrrhus vint s'offrir à ma vue ;
Voilà par quels exploits il sut se couronner ;
Enfin voilà l'époux que tu me veux donner.
Non, je ne serai point complice de ses crimes ;
Qu'il nous prenne, s'il veut, pour dernières victimes.
Tous mes ressentiments lui seraient asservis.

Andromaque, acte III, scène 8.

2

Arcas. — Madame, tout est prêt pour la cérémonie :
Le roi près de l'autel attend Iphigénie ;
Je viens la demander. Ou plutôt contre lui
Seigneur, je viens pour elle implorer votre appui.
Achille. — Arcas, que dites-vous ?
Clytemnestre. —   Dieux ! que vient-il m'apprendre ?
Arcas, *à Achille.* — Je ne vois plus que vous qui la puisse défendre.
Achille. — Contre qui ?
Arcas. —   Je le nomme et l'accuse à regret.
Autant que je l'ai pu, j'ai gardé son secret.
Mais le fer, le bandeau, la flamme est toute prête :
Dût tout cet appareil retomber sur ma tête,
Il faut parler.
Clytemnestre. — Je tremble. Expliquez-vous, Arcas.
Achille. — Qui que ce soit, parlez, et ne le craignez pas.
Arcas. — Vous êtes son amant, et vous êtes sa mère :
Gardez-vous d'envoyer la princesse à son père.
Clytemnestre. — Pourquoi le craindrons-nous ?
Achille. —   Pourquoi m'en défier ?
Arcas. — Il l'attend à l'autel pour la sacrifier.
Achille. — Lui !
Clytemnestre. — Sa fille !
Iphigénie. —   Mon père !
Ériphile. —   Ô ciel ! quelle nouvelle !
Achille. — Quelle aveugle fureur pourrait l'armer contre elle ?
Ce discours sans horreur se peut-il écouter ?
Arcas. — Ah ! Seigneur, plût au ciel que je pusse en douter !
Par la voix de Calchas l'oracle la demande ;
De toute autre victime il refuse l'offrande ;
Et les dieux, jusque-là protecteurs de Pâris,
Ne nous promettent Troie et les vents qu'à ce prix.
Clytemnestre. — Les dieux ordonneraient un meurtre
                                                    [abominable ?
Iphigénie. — Ciel ! pour tant de rigueur, de quoi suis-je coupable ?

Iphigénie, acte III, scène 5.

3

Théramène. — À peine nous sortions des portes de Trézène,
Il était sur son char ; ses gardes affligés
Imitaient son silence, autour de lui rangés ;
Il suivait tout pensif le chemin de Mycènes ;
Sa main sur les chevaux laissait flotter les rênes ;
Ses superbes coursiers, qu'on voyait autrefois
Pleins d'une ardeur si noble obéir à sa voix,
L'œil morne maintenant, et la tête baissée,
Semblaient se conformer à sa triste pensée.
Un effroyable cri, sorti du fond des flots,
Des airs en ce moment a troublé le repos ;
Et, du sein de la terre, une voix formidable
Répond en gémissant à ce cri redoutable.
Jusqu'au fond de nos cœurs notre sang s'est glacé ;
Des coursiers attentifs le crin s'est hérissé.
Cependant, sur le dos de la plaine liquide,
S'élève à gros bouillons une montagne humide ;
L'onde approche, se brise, et vomit à nos yeux,
Parmi des flots d'écume, un monstre furieux.
Son front large est armé de cornes menaçantes ;
Tout son corps est couvert d'écailles jaunissantes ;
Indomptable taureau, dragon impétueux,
Sa croupe se recourbe en replis tortueux ;
Ses longs mugissements font trembler le rivage.
Le ciel avec horreur voit ce monstre sauvage ;
La terre s'en émeut, l'air en est infecté ;
Le flot qui l'apporta recule épouvanté.
Tout fuit ; et, sans s'armer d'un courage inutile,
Dans le temple voisin chacun cherche un asile.
Hippolyte lui seul, digne fils d'un héros,
Arrête ses coursiers, saisit ses javelots,
Pousse au monstre, et d'un dard lancé d'une main sûre,
Il lui fait dans le flanc une large blessure.
De rage et de douleur le monstre bondissant
Vient aux pieds des chevaux tomber en mugissant,
Se roule, et leur présente une gueule enflammée

Qui les couvre de feu, de sang et de fumée.
La frayeur les emporte ; et, sourds à cette fois,
Ils ne connaissent plus ni le frein ni la voix ;
En efforts impuissants leur maître se consume,
Ils rougissent le mors d'une sanglante écume.
On dit qu'on a vu même, en ce désordre affreux,
Un dieu qui d'aiguillons pressait leur flanc poudreux.
À travers les rochers la peur les précipite ;
L'essieu crie et se rompt : l'intrépide Hippolyte
Voit voler en éclats tout son char fracassé ;
Dans les rênes lui-même, il tombe embarrassé.
Excusez ma douleur : cette image cruelle
Sera pour moi de pleurs une source éternelle.
J'ai vu, seigneur, j'ai vu votre malheureux fils
Traîné par les chevaux que sa main a nourris.
Il veut les rappeler, et sa voix les effraie ;
Ils courent : tout son corps n'est bientôt qu'une plaie.
De nos cris douloureux la plaine retentit.
Leur fougue impétueuse enfin se ralentit :
Ils s'arrêtent non loin de ces tombeaux antiques
Où des rois ses aïeux sont les froides reliques.
J'y cours en soupirant, et sa garde me suit :
De son généreux sang la trace nous conduit ;
Les rochers en sont teints ; les ronces dégouttantes
Portent de ses cheveux les dépouilles sanglantes.
J'arrive, je l'appelle ; et, me tendant la main,
Il ouvre un œil mourant qu'il referme soudain :
« Le ciel, dit-il, m'arrache une innocente vie.
Prends soin après ma mort de la triste Aricie.
Cher ami, si mon père un jour désabusé
Plaint le malheur d'un fils faussement accusé,
Pour apaiser mon sang et mon ombre plaintive,
Dis-lui qu'avec douceur il traite sa captive ;
Qu'il lui rende... » À ce mot, ce héros expiré
N'a laissé dans mes bras qu'un corps défiguré :
Triste objet où des dieux triomphe la colère,
Et que méconnaîtrait l'œil même de son père.

Phèdre, acte V, scène 6.

L'utilisation du temps dans « Bérénice »

Chaque auteur dramatique utilise le temps de façon personnelle, qu'il s'agisse de la durée de l'action par rapport à la durée de la pièce, ou du poids représenté par la notion de temps pour les différents personnages.

On sait que selon l'une des règles de la dramaturgie classique l'action devait se dérouler en 24 heures. Si Corneille éprouva des difficultés à faire rentrer le foisonnement de certaines de ses pièces (voir *Le Cid*) dans un cadre aussi rigoureux, Racine sut se couler presque naturellement dans ce moule. *Bérénice* en est un parfait exemple. La pièce débute avec le commencement de la journée, et se termine avant qu'elle ne soit finie. Certains vers soulignent discrètement ce déroulement du jour. Pendant l'exposition, Antiochus remarque :

*« Peut-être avant la nuit l'heureuse Bérénice
Change le nom de reine au nom d'impératrice »* (v. 59-60).

Au milieu de la pièce, le même Antiochus dit à Bérénice :

« Avant la fin du jour vous me justifirez » (v. 869).

Avec l'acte V, tout s'accélère, et Bérénice précipite son départ :

*« C'en est fait. Vous voulez que je parte demain ;
Et moi j'ai résolu de partir tout à l'heure ;
Et je pars »* (v. 1310-1312).

Cette coïncidence presque parfaite entre le temps de l'action et le temps de la représentation (il faut juste supposer quelques moments de répit entre les actes) a le mérite d'accroître l'intensité dramatique : le spectateur vit la crise tragique au même rythme que les personnages, et l'unité de temps est totalement respectée.

On peut également envisager le temps par rapport à la vision qu'en ont les personnages. Une remarque s'impose : la valeur temporelle privilégiée dans *Bérénice* est celle du passé.

Ce passé est modulé selon deux expressions, répétées de façon lancinante : les « cinq ans » d'amour passés entre Titus et Bérénice, et les « huit jours » de deuil imposés à la cour depuis la mort de Vespasien.

Les « cinq ans » sont évoqués de façon constante par les trois personnages principaux, mais leur signification est différente pour chacun d'entre eux. Pour Antiochus, ils représentent la souffrance d'un amour condamné à se taire ; le temps est devenu vide et absence : « *Je me suis tu cinq ans* » (v. 25, v. 209). Inversement, ces cinq années passées ont représenté bonheur et plénitude pour Titus :

« *Depuis cinq ans entiers chaque jour je la vois* » (v. 545).

Les cinq ans passés ont représenté bonheur, joie, plénitude, union pour Titus comme pour Bérénice. Mais un événement s'est produit, et c'est la mort de Vespasien, qui fait de Titus un nouvel empereur. Il s'en est suivi « *Ce long deuil que Titus imposait à la cour* » (v. 153), perçu là encore de façons fort différentes par nos trois personnages ; pour Titus, il s'agit de se préparer et de préparer moralement Bérénice à la séparation ; pour Bérénice, c'est un moment de douleur filiale bien légitime, mais auquel Titus doit savoir mettre un terme (nous reconnaissons là l'égoïsme amoureux de Bérénice) ; enfin, ces huit jours représentent pour Antiochus un moment charnière, de doute et d'hésitation, qui lui ouvrira peut-être à nouveau le cœur de Bérénice. La répétition de ces mêmes expressions temporelles contribue au caractère lyrique de la pièce, les personnages ressassant sans fin leurs peines et leurs douleurs.

L'obsession du passé s'accompagne d'une difficulté à vivre le présent et à envisager le futur. Titus est sans doute le plus lucide : il a vécu cinq ans de liberté, sans se soucier de l'avenir :

« *Mon cœur se gardait bien d'aller dans l'avenir*
Chercher ce qui pouvait un jour nous désunir » (v. 1089-1090).

Le moment difficile pour Titus se situe dans le présent : il voudrait l'escamoter pour arriver directement dans le futur :

« *Depuis huit jours je règne, et jusques à ce jour,*
Qu'ai-je fait pour l'honneur ? J'ai tout fait pour l'amour »
(v. 1029-1030).

L'illusion de Bérénice consiste à croire que le passé pourra être prolongé indéfiniment, comme si le temps pouvait être abrogé ; elle espérait un « *bonheur immortel* » (v. 1082), formule très significative par son irréalisme. Sa réaction dans la pièce consistera donc d'abord à refuser cette transformation du temps, puis à l'intégrer peu à peu, jusqu'à l'acceptation du départ.

En conséquence, les personnages entretiennent des rapports contradictoires avec le temps. Voués à l'attente, ils sont extraordinairement pressés :

« *Titus m'aime. Titus ne veut point que je meure.*
Allons le voir : je veux lui parler tout à l'heure » (v. 911-912).

Rappelons que « tout à l'heure » signifie « tout de suite » dans la langue classique.

« *Phénice ne vient point ? Moments trop rigoureux,*
Que vous paraissez lents à mes rapides vœux ! » (v. 953-954).

Cependant, cet empressement à rencontrer l'autre et à connaître la vérité sera tragique pour Bérénice, désormais condamnée au départ et à une « *absence éternelle* » (v. 1108). L'empressement de Titus a lui aussi des connotations tragiques, soulignées par Racine, si nous nous rappelons que Titus est mort au bout de deux ans de règne :

« *Sais-je combien le ciel m'a compté de journées ?* »
(v. 1036).

Ce caractère inéluctable du temps est souligné de façon lancinante par la répétition de l'adverbe « jamais », avec le sens très particulier de « toujours » :

« *En sortant du palais,*
Je sors de Rome, Arsace, et j'en sors pour jamais » (v. 77-78).

« *Pour jamais ! Ah ! Seigneur, songez-vous en vous-même*
Combien ce mot est cruel quand on aime ? » (v. 1111-1112).

L'emploi de « jamais » au sens de « toujours » souligne remarquablement ce que le futur va comporter de vide et de définitif. Le futur sera donc envisagé par les trois personnages principaux comme une absence, sorte de mort virtuelle, et c'est Bérénice qui établit le mieux les rapports entre le temps et l'espace : l'immense distance qui séparera Titus de Bérénice sera comme une traduction du vide spatio-temporel éprouvé par les personnages :

« *Dans un mois, dans un an, comment souffrirons-nous,*
Seigneur, que tant de mers me séparent de vous ?
Que le jour recommence et que le jour finisse
Sans que jamais Titus puisse voir Bérénice,
Sans que de tout le jour je puisse voir Titus ? » (v. 1113-1117).

Les personnages secondaires, et en particulier Arsace, se bercent de l'illusion que le temps peut tout arranger ; c'est une illusion, le temps est fondamentalement tragique pour Racine, il désunit et détruit.

Les lieux et l'espace

Dans son *Art poétique* (acte III, v. 45-46), paru en 1674, Boileau définit ainsi la règle des trois unités :

« *Qu'en un lieu, qu'en un jour, un seul fait accompli*
Tienne jusqu'à la fin le théâtre rempli. »

Racine s'est toujours fort bien accommodé du respect de ces unités, et c'est encore le cas pour ce qui est de l'unité de lieu. La pièce se déroule à Rome, dans ce « *cabinet superbe et solitaire* » (v. 3), situé entre les appartements de Titus et de Bérénice. Le choix de ce lieu intermédiaire est symbolique, puisque, pendant toute la pièce, on assiste à un jeu de va-et-vient entre ces deux pôles, sans savoir qui des deux personnages va l'emporter. Ce lieu médian, caché, solitaire, autrefois lieu de rencontre et témoin des amours de Titus et Bérénice, parvient maintenant difficilement à réunir les deux personnages. Le lieu d'amour devient lieu de souffrance, comme le remarque Bérénice :

« Je ne vois rien ici dont je ne sois blessée.
Tout cet appartement préparé par vos soins,
Ces lieux, de mon amour si longtemps les témoins,
Qui semblaient pour jamais me répondre du vôtre,
Ces festons, où nos noms enlacés l'un dans l'autre
À mes tristes regards viennent partout s'offrir,
Sont autant d'imposteurs que je ne puis souffrir » (v. 1320 sq.).

Comme l'explique Jacques Scherer, « conformément aux possibilités de mise en scène de l'Hôtel de Bourgogne, ce décor a vraisemblablement trois portes. L'une mène à l'appartement de Titus. Elle sera située côté jardin, parce que ce côté, qui est à droite pour qui regarde du fond de la scène, est depuis le Moyen Âge le plus élevé en dignité : c'est là que dans tous les mystères est situé le paradis. La porte menant à l'appartement de Bérénice sera côté cour. Il y aura aussi une porte au fond, conduisant vers l'extérieur du palais » (*Bérénice*, Racine SEDES, 1974).

Dans ce lieu scénique, devenu étouffant pour les personnages principaux, la porte du fond pourrait constituer une échappée vers l'air libre. Cependant, avec les entrées de Paulin et de Rutile, elle sert surtout à accentuer la pression de Rome, cet acteur invisible mais toujours présent qui poursuit Titus de ses reproches muets mais prêts à se déchaîner :

« Si demain le peuple ne voit partir la reine,
Demain elle entendra ce peuple furieux
Me venir demander son départ à ses yeux » (v. 732-734).

À tout instant, Titus et Bérénice sont soumis aux regards du peuple, du sénat, des magistrats qui entrent symboliquement sur scène par la porte du fond.

Tandis que nous assistons au va-et-vient des personnages entre les appartements de Titus et de Bérénice, dans des mouvements de fuite et d'agitation, les personnages tentent parfois d'échapper à cet étouffant huis-clos par l'évocation d'autres lieux. C'est l'Orient qui joue cette fonction. La *« rebelle Judée »*, *« la Judée asservie »* est d'abord le symbole des victoires de Titus assisté d'Antiochus ; même si Racine souligne l'atrocité de ces victoires, la conquête de la Judée rehausse la gloire des deux personnages. La Judée est aussi le lieu ambigu où Titus fit la connaissance de Bérénice, mais où Antiochus se vit préférer un rival : le même lieu est donc ressenti comme plénitude ou comme manque selon qu'il est ou non associé à l'être aimé. D'où le célèbre vers prononcé par Antiochus :

« *Dans l'Orient désert quel devint mon ennui* » (v. 234).

Dès lors, Antiochus va inlassablement ressasser l'évocation de ces lieux qui ont vu passer Bérénice, comme si leur nom contenait une parcelle de la personne de Bérénice :

« *Je demeurai longtemps errant dans Césarée,*
Lieux charmants où mon cœur vous avait adorée »
(v. 235-236).

L'évocation de ces lieux lointains par « *le roi de Comagène* » confère à la pièce une tonalité poétique et élégiaque, accentuée par la douceur des sonorités.
Ces lieux d'origine, Antiochus et Bérénice vont les retrouver à l'issue de la pièce. Titus tente certes d'adoucir la rigueur du départ par des dons de territoires :

« *L'Orient presque entier va fléchir sous sa loi* » (v. 337).

« *L'Euphrate bornera son empire et le vôtre* » (v. 764).

Cependant la grandeur des titres et des lieux masque mal le tragique du départ et de la rupture. Dans les deux derniers actes, Bérénice ressent l'espace comme un gigantesque vide, souffrant à l'avance de cette « *absence éternelle* » de Titus :

« *Dans un mois, dans un an, comment souffrirons-nous,*
Seigneur, que tant de mers me séparent de vous ? » (v. 1113-1114).

L'espace est donc un élément tragique dans *Bérénice*, huisclos étouffant sous les yeux du spectateur, ou lieu de vide et d'absence dans l'esprit des personnages.

La vue et le regard dans « Bérénice »

La bienséance classique interdisait de s'attarder sur les manifestations du corps, ce qui donne au spectateur moderne l'impression d'un théâtre d'où les sens sont quasi absents. Un sens cependant sera mis en scène par Racine, le plus épuré, celui de la vue, qui va concentrer toutes les manifestations du corps. Il est en effet frappant de constater à quel point les occurrences des termes exprimant la vision sont nombreuses dans *Bérénice*. Dans la sphère intime que constituent les relations de Titus, Bérénice et Antiochus, l'amour s'exprime d'abord par la reconnaissance de la vue. On pourrait établir les équations suivantes : aimer = voir ; ne pas aimer = ne pas voir. La vision de l'être aimé est d'abord un élan affectif incontrôlé, qui transporte l'individu dans tous les sens du terme ; c'est ce qu'exprime fort bien Antiochus, s'adressant à Bérénice : « *Titus, pour mon malheur, vint, vous vit, et vous plut* » (v. 194), qui trouvera un écho dans le fameux vers de Phèdre : « *Je le vis, je rougis, je pâlis à sa vue.* » On n'échappe pas au pouvoir du regard qui révèle la toute-puissance de la passion amoureuse sur l'individu. Si cette reconnaissance du regard est réciproque, il s'ensuit un bonheur intense, inexprimable ; c'est la joie d'être caressé par le regard de l'autre, symbolisant toutes les effusions que le style classique ne saurait ouvertement exprimer. Titus dira ainsi à Paulin :

« *Elle passe ses jours, Paulin, sans rien prétendre
Que quelque heure à me voir et le reste à m'attendre* »
(v. 535-536).

Le regard est donc faim et soif, et l'échange des regards vient satisfaire et combler ce manque. À défaut du regard direct, on pourra garder par l'imagination la vision de l'autre ; ce processus mental est évident dans l'évocation de l'apothéose de Vespasien (I, 5), où les regards du peuple romain prennent inconsciemment le relais du regard imaginaire de Bérénice porté sur Titus dans toute sa splendeur. Il y a là plaisir extrême du regard sublimé qui vient se nourrir de douces visions.

Inversement, le refus du regard à celui qui aime engendre la souffrance, car il signifie la rupture et l'absence. Deux personnages en font l'expérience. C'est d'abord Antiochus, qui ne cesse de reprocher à Bérénice de ne pas savoir le regarder, comme s'il n'était qu'une ombre de Titus :

« Que vous dirai-je enfin ? Je fuis des yeux distraits
Qui me voyant toujours, ne me voyaient jamais » (v. 277-278).

Ce sera également le cas de Bérénice, que Titus ne peut plus regarder en face, puisqu'il veut rompre avec elle :

« Il n'avait plus pour moi cette ardeur assidue
Lorsqu'il passait les jours attachés sur ma vue » (v. 155-156).

En conséquence, le regard devient élément de souffrance. Il se charge d'une toute-puissance égoïste et violente quand il se refuse à celui qui aime ; il est élément de destruction quand l'individu sait qu'il n'est pas aimé. L'échange des regards devient un jeu particulièrement cruel et, de ce point de vue, la transformation des rapports entre Titus et Bérénice s'exprime parfaitement dans la transformation des regards qu'ils échangent. Avant la pièce, c'était l'intensité de l'échange visuel et amoureux, la plénitude. Maintenant, Titus a peur d'affronter Bérénice, il se dérobe à ses regards, car ceux-ci sont une force dont il craint de ne pas sortir vainqueur :

« Soutiendrai-je ces yeux dont la douce langueur
Sait si bien découvrir les chemins de mon cœur ? » (v. 993-994).

Mais il est parfaitement conscient de la cruauté d'une telle attitude. Quant à Bérénice, elle tentera, pour retenir Titus, de jouer sur le charme de sa présence, et l'on pourrait interpréter la scène 5 de l'acte IV comme une scène de séduction, stylisée certes, mais dans laquelle Bérénice ne se contente pas d'arguments abstraits, mais étale la force de sa beauté aux yeux de Titus. Celui-ci ne changera pas d'avis, mais il souffre :

« Hélas ! Que vous me déchirez ! » (v. 1153).

On pourrait ajouter que, dans la sphère extérieure et politique, le regard du peuple et du monde est inquisition, censure, aliénation. Ce regard d'une foule, absente sur scène, mais constamment présente dans l'esprit des personnages, vient poursuivre les personnages jusque dans le fond de leur être. L'opinion publique, la loi romaine, le sénat, le peuple créent un cercle de regards qui emprisonnent les deux amants. Maintenant que Titus est sur le devant de la scène de l'empire, il n'a plus le droit à une vie privée ; en tant qu'homme public, il doit se soumettre au regard du monde. Bérénice, elle aussi, se sentira poursuivie par ce regard hostile du monde romain et tentera en vain de rétablir l'harmonie d'une sphère intime maintenant déchirée.

Le regard racinien est donc très différent du regard des personnages cornéliens, qui expriment avec lucidité leur recherche de plénitude ; il est le plus souvent destructeur, violence possessive habitée par la conscience que l'individu a de sa propre faiblesse. Ce regard que l'on aurait pu croire, à première vue, chargé de tendresse, est, dans la plupart des cas, d'autant plus cruel pour l'autre que l'individu est conscient de sa propre faiblesse.

Correspondances

Le thème du regard chez Racine

- *Britannicus*, acte II, scène 2 (v. 385-409).
- *Iphigénie*, acte II, scène 3 (v. 583-624).
- *Phèdre*, acte I, scène 3 (v. 269-316).

—1—

Narcisse. — Vous l'aimez ?
Néron. —   Excité d'un désir curieux,
Cette nuit je l'ai vue arriver en ces lieux,
Triste, levant au ciel ses yeux mouillés de larmes,
Qui brillaient au travers des flambeaux et des armes :
Belle, sans ornements, dans le simple appareil
D'une beauté qu'on vient d'arracher au sommeil.
Que veux-tu ? Je ne sais si cette négligence,
Les ombres, les flambeaux, les cris et le silence,

Et le farouche aspect de ses fiers ravisseurs
Relevaient de ses yeux les timides douceurs.
Quoi qu'il en soit, ravi d'une si belle vue,
J'ai voulu lui parler, et ma voix s'est perdue :
Immobile, saisi d'un long étonnement,
Je l'ai laissé passer dans son appartement.
J'ai passé dans le mien. C'est là que solitaire,
De son image en vain j'ai voulu me distraire :
Trop présente à mes yeux, je croyais lui parler ;
J'aimais jusqu'à ses pleurs que je faisais couler.
Quelquefois, mais trop tard, je lui demandais grâce ;
J'employais les soupirs, et même la menace.
Voilà comme, occupé de mon nouvel amour,
Mes yeux, sans se fermer, ont attendu le jour.
Mais je m'en fais peut-être une trop belle image ;
Elle m'est apparue avec trop d'avantage :
Narcisse, qu'en dis-tu ?

Britannicus, acte II, scène 2.

—2

Ériphile. — Quoi ! parmi tous les soins qui doivent l'accabler,
Quelque froideur suffit pour vous faire trembler ?
Hélas ! à quels soupirs suis-je donc condamnée,
Moi, qui de mes parents toujours abandonnée,
Étrangère partout, n'ai pas même en naissant
Peut-être reçu d'eux un regard caressant !
Du moins si vos respects sont rejetés d'un père,
Vous en pouvez gémir dans le sein d'une mère ;
Et, de quelque disgrâce enfin que vous pleuriez,
Quels pleurs par un amant ne sont point essuyés ?
Iphigénie. — Je ne m'en défends point : mes pleurs, belle Ériphile,
Ne tiendraient pas longtemps contre les soins d'Achille ;
Sa gloire, son amour, mon père, mon devoir,
Lui donnent sur mon âme un trop juste pouvoir.
Mais de lui-même ici que faut-il que je pense ?
Cet amant, pour me voir brûlant d'impatience,
Que les Grecs de ces bords ne pouvaient arracher,
Qu'un père de si loin m'ordonne de chercher,

S'empresse-t-il assez pour jouir d'une vue
Qu'avec tant de transports je croyais attendue ?
Pour moi, depuis deux jours qu'approchant de ces lieux,
Leur aspect souhaité se découvre à nos yeux,
Je l'attendais partout ; et d'un regard timide
Sans cesse parcourant les chemins de l'Aulide,
Mon cœur pour le chercher volait loin devant moi,
Et je demande Achille à tout ce que je vois.
Je viens, j'arrive enfin sans qu'il m'ait prévenue.
Je n'ai percé qu'à peine une foule inconnue ;
Lui seul ne paraît point. Le triste Agamemnon
Semble craindre à mes yeux de prononcer son nom.
Que fait-il ? Qui pourra m'expliquer ce mystère ?
Trouverai-je l'amant glacé comme le père ?
Et les soins de la guerre auraient-ils en un jour
Éteint dans tous les cœurs la tendresse et l'amour ?
Mais non : c'est l'offenser par d'injustes alarmes.
C'est à moi que l'on doit le secours de ses armes.
Il n'était point à Sparte entre tous ces amants
Dont le père d'Hélène a reçu les serments ;
Lui seul de tous les Grecs, maître de sa parole,
S'il part contre Ilion, c'est pour moi qu'il y vole ;
Et, satisfait d'un prix qui lui semble si doux,
Il veut même y porter le nom de mon époux.

Iphigénie, acte II, scène 3.

–3

Phèdre. — Mon mal vient de plus loin. À peine au fils d'Égée
Sous les lois de l'hymen je m'étais engagée,
Mon repos, mon bonheur semblait être affermi ;
Athènes me montra mon superbe ennemi :
Je le vis, je rougis, je pâlis à sa vue ;
Un trouble s'éleva dans mon âme éperdue ;
Mes yeux ne voyaient plus, je ne pouvais parler :
Je sentis tout mon corps et transir et brûler ;
Je reconnus Vénus et ses feux redoutables,
D'un sang qu'elle poursuit tourments inévitables.
Par des vœux assidus je crus les détourner :

Je lui bâtis un temple, et pris soin de l'orner ;
De victimes moi-même à toute heure entourée,
Je cherchais dans leurs flancs ma raison égarée :
D'un incurable amour remèdes impuissants !
En vain sur les autels ma main brûlait l'encens :
Quand ma bouche implorait le nom de la déesse,
J'adorais Hippolyte ; et, le voyant sans cesse,
Même au pied des autels que je faisais fumer,
J'offrais tout à ce dieu que je n'osais nommer.
Je l'évitais partout. Ô comble de misère !
Mes yeux le retrouvaient dans les traits de son père.
Contre moi-même enfin j'osai me révolter :
J'excitai mon courage à le persécuter.
Pour bannir l'ennemi dont j'étais idolâtre,
J'affectai les chagrins d'une injuste marâtre ;
Je pressai son exil ; et mes cris éternels
L'arrachèrent du sein et des bras paternels.
Je respirais, Œnone ; et, depuis son absence,
Mes jours moins agités coulaient dans l'innocence ;
Soumise à mon époux, et cachant mes ennuis,
De son fatal hymen, je cultivais les fruits.
Vaines précautions ! Cruelle destinée !
Par mon époux lui-même à Trézène amenée,
J'ai revu l'ennemi que j'avais éloigné :
Ma blessure trop vive aussitôt a saigné.
Ce n'est plus une ardeur dans mes veines cachée :
C'est Vénus tout entière à sa proie attachée.
J'ai conçu pour mon crime une juste terreur :
J'ai pris la vie en haine et ma flamme en horreur ;
Je voulais en mourant prendre soin de ma gloire,
Et dérober au jour une flamme si noire :
Je n'ai pu soutenir tes larmes, tes combats :
Je t'ai tout avoué ; je ne m'en repens pas,
Pourvu que, de ma mort respectant les approches,
Tu ne m'affliges plus par d'injustes reproches,
Et que tes vains secours cessent de rappeler
Un reste de chaleur tout prêt à s'exhaler.

Phèdre, acte I, scène 3.

Phèdre (Sarah Bernhardt) et Œnone (Mlle Boulanger).
Photographie de Nadar (1820-1910).
Bibliothèque nationale, Paris.

Principales mises en scène ou adaptations

Si l'on compulse les registres des représentations des pièces de Racine à la Comédie-Française, on constate que les succès de *Bérénice* furent plus qu'honorables au XVIIe siècle, mais qu'ils chutèrent de façon spectaculaire pendant les deux siècles suivants. Les points de vue de Voltaire sont ainsi très partagés pour cette tragédie, selon qu'il admire la prouesse d'avoir pu écrire une pièce sur un sujet aussi mince, ou selon qu'il critique le sujet même, « un amant et une maîtresse qui se quittent », dans lequel il ne voit pas matière à tragédie. Les Romantiques apprécieront encore Racine, et Stendhal « n'hésite pas à avancer que Racine a été romantique, c'est-à-dire qu'il a peint la vraie vie de son temps… » Mais les Romantiques, épris de Shakespeare n'auront aucun goût pour *Bérénice*, qu'ils réduisent à une faible élégie, et à laquelle ils reprochent son manque d'action. À l'instigation de Hugo, les critiques se font d'autre part de plus en plus vives à l'égard de la règle des trois unités, jugées source d'invraisemblances et trop contraignantes : on leur préfère la couleur locale. Il faudra attendre la fin du XIXe siècle pour assister au retour en grâce de Racine, et en particulier de *Bérénice*. Des actrices prestigieuses, comme Sarah Bernhardt ou Julia Bartet, reprendront le rôle-titre et donneront à la pièce une nouvelle jeunesse.

Le XXe siècle redécouvre la dimension dramatique et théâtrale des œuvres de Racine ; de ce fait, on ne lira plus seulement *Bérénice* comme une élégie, on l'interprétera comme une tragédie douée d'une action forte. Après la Deuxième Guerre mondiale, de nouvelles lectures (marxistes, freudiennes, structuralistes) s'intéressent à Racine, et les interprétations novatrices de *Bérénice* se multiplient.

Gaston Baty donne le ton en 1945, choisissant d'opposer la fragilité de Bérénice à un décor grandiose et à un nombre imposant de figurants, tout en accentuant la tendance érotique des rapports de Titus et de Bérénice.

En 1965-1966, Roger Planchon monte *Bérénice* au théâtre de la Cité à Villeurbanne, avant de la reprendre au théâtre Montparnasse-Gaston Baty. Il oppose le côté dur et cruel de Titus, symbolisé par le marbre, au côté doux et sensuel de Bérénice, symbolisé par la fourrure. Dans une mise en scène poudrée, de style Louis XV, au milieu d'un décor de miroirs, les acteurs se déplacent presque exclusivement en lignes et angles droits, afin de souligner la difficulté de se rencontrer.

La mise en scène d'Antoine Vitez (Maison de la culture de Nanterre, 1980) joue sur une camaraderie amoureuse entre Antiochus et Bérénice. Titus, plus jeune, apparaît comme un chien dans un jeu de quilles : c'est le jeune homme maladroit qui cherche à se libérer de sa vieille maîtresse. Comme dans beaucoup de ses mises en scène, Vitez s'est efforcé de déplacer l'intérêt de la pièce.

Dans la *Bérénice* qu'il monte à la Comédie-Française en 1984, Klaus-Maria Grüber établit une mise en scène extrêmement dépouillée, statique, avec une diction chuchotée, afin de montrer l'épuisement des protagonistes, qui n'ont même plus la force de se plaindre. Les acteurs ne s'approchent jamais les uns des autres et restent chacun à un bout de la scène. La morbidité d'une telle mise en scène court cependant le danger de rebuter le spectateur.

En montant *Bérénice* au T.N.S. de Strasbourg, en 1990, Jacques Lassalle construit sa mise en scène autour d'une fontaine dont le faible bruit rythme les premiers actes jusqu'à s'éteindre symboliquement à l'acte V. Telle une nouvelle Ophélie, Bérénice s'y noyait à moitié en apprenant, à l'acte III, la décision de Titus. S'opposant au monde privé organisé autour de la petite fontaine, une galerie supérieure symbolise le monde masculin et public : une double volée d'escalier permet d'y accéder et donne lieu, à la fin de l'acte I, à un jeu de scène spectaculaire : Bérénice y monte en évoquant le prestige de Titus, pour ensuite redescendre au moment où elle reprend contact avec la réalité.

Bérénice est donc une pièce qui retient l'attention des grands metteurs en scène contemporains. Sans être aussi souvent interprétée qu'*Andromaque* ou *Britannicus*, on remarquera qu'elle est actuellement légèrement plus souvent jouée que *Phèdre*, ce qui montre bien l'intérêt pour la pièce.

Jugements et critiques

Les railleries des contemporains

L'auteur a trouvé à propos, pour s'éloigner du genre d'écrire de Corneille, de faire une pièce de théâtre qui, depuis le commencement jusqu'à la fin, n'est qu'un tissu galant de madrigaux et d'élégies. Il ne faut donc pas s'étonner s'il ne s'est pas mis en peine de la liaison des scènes, s'il a laissé plusieurs fois le théâtre vide et si la plupart des scènes sont peu nécessaires. Le moyen d'ajuster tant d'élégies et de madrigaux ensemble, avec la même suite que si l'on eût voulu faire une comédie dans les règles !

Abbé de Villars, Critique de « Bérénice », 1671.

Le point de vue de Voltaire

Voilà, sans contredit, la plus faible des tragédies de Racine qui sont restées au théâtre. Ce n'est même pas une tragédie ; mais que de beautés de détail, et quel charme inépuisable règne presque toujours dans la diction ! Pardonnons à Corneille de n'avoir jamais connu ni cette pureté ni cette élégance : mais comment se peut-il faire que personne depuis Racine n'ait approché de ce style enchanteur ? Est-ce un don de nature ? Est-ce le fruit d'un travail assidu ? C'est l'effet de l'un et de l'autre.

Voltaire, Commentaire sur « Bérénice ».

L'écriture de *Bérénice*

Comme une exploration poussée aussi loin que possible de la galanterie tournée en tragédie. Racine revient à sa formule de succès. Du coup, il en vient à « sa » formule de tragédie.

En apparence, il garde les mêmes principes que pour *Britannicus* : l'action se passe à Rome et montre un conflit entre la passion amoureuse et le devoir politique, chez l'empereur Titus ; formule de la tragédie romaine et politique « à la Corneille » donc. En apparence, il garde le même objectif esthétique aussi : la préface de *Britannicus* vantait une « action simple, chargée de peu de matière », et il n'y a rien de plus « simple » que la structure sémantique de *Bérénice*. Un futur empereur aime une reine, mais les lois de l'Empire lui interdisent de l'épouser. Il n'y a rien de plus simple que la trame narrative de cette pièce : Titus doit dire la rupture à son amante, et il n'y parvient pas. Surenchères. S'étant proclamé sectateur du dépouillement, il le pousse à l'extrême. S'étant fait une image de tragédien de la galanterie, il la cultive. Ce qu'il y a de douloureux dans la liaison amoureuse, plus encore que son impossible, c'est la rupture. Et quand la rupture ne provient pas du désamour, mais d'un choix…

Bérénice, on l'a assez remarqué, est un contraire de *Britannicus*. Après une passion impériale naissante et impérieuse, qui soumet l'Empire à son empire, une passion sacrifiée à l'Empire ; après Néron empereur monstrueux, Titus empereur idéal. Après une galanterie perverse, une galanterie très pure : les amants sont en quête d'un amour parfait, et il n'est de perfection possible que dans l'image de l'amour, non dans son accomplissement par mariage. *Britannicus* venait exhiber la virtuosité racinienne sur le terrain de Corneille, *Bérénice* l'exhibe dans une formule « hyperracinienne ». *Bérénice* ou l'invention de la racinianité – si ce mot aide à penser –, *Bérénice* où Racine raffine sur la manière de Racine.

Alain Viala, *Racine, la Stratégie du caméléon*, Seghers, 1990.

Le thème du regard

L'acte de voir, dans toute sa violence possessive, est habité par la faiblesse et par la conscience de la faiblesse. En revanche, être vu, ce sera, presque au même instant, se découvrir coupable dans les yeux des autres. Ce qu'attendait le personnage racinien, c'était le regard caressant, la douce prise amoureuse ; ce qu'il découvre en réalité, c'est sa propre culpabilité. Au lieu du bonheur d'être regardé, le malheur d'être vu dans la faute. Non pas seulement parce que, comme Néron ou Pyrrhus, il s'est transformé en bourreau pour saisir l'insaisissable, mais parce que, dans tout regard désirant, il y a d'avance une transgression, le viol d'un interdit, le commencement d'un crime. Il le sait à l'instant même où il rencontre l'autre regard, et dès lors il ne peut plus échapper à la faute ; il est littéralement fixé dans sa culpabilité.

Comme pour accentuer encore la culpabilité, Racine fait intervenir, au-dessus du débat tragique où sont engagés les personnages, un autre regard surplombant – une instance ultime – qui les atteint de plus haut ou de plus loin. Il suffit de quelques allusions espacées à l'intérieur du poème : la Grèce entière a les yeux tournés vers son ambassadeur Oreste et vers le roi Pyrrhus *(Andromaque)* ; Rome observe les amours de Titus *(Bérénice)* ; Phèdre sait qu'elle est vue par le Soleil ; et les pièces religieuses se déroulent sous l'œil de Dieu.

> Jean Starobinski, « Racine et la poétique du regard »,
> in *L'Œil vivant*, Gallimard, 1968.

Éros et Rome

C'est Bérénice qui désire Titus. Titus n'est lié à Bérénice que par l'habitude. Bérénice est au contraire liée à Titus par une image, ce qui veut dire, chez Racine, par Éros ; cette image est naturellement nocturne, Bérénice y revient à loisir, chaque fois qu'elle pense son amour ; Titus a pour elle la volupté d'un éclat entouré d'ombre, d'une splendeur tempérée ; replacé par un protocole proprement racinien au cœur de cette « nuit enflammée » où il a reçu les hommages du peuple et du sénat devant le bûcher de son père, il révèle dans l'image érotique son essence corporelle, l'éclat de la douceur : il est un principe total, un air, à la fois lumière et enveloppement. Ne plus respirer cet air, c'est mourir. C'est pourquoi Bérénice va jusqu'à proposer à Titus un simple concubinage (que Titus repousse) ; c'est pourquoi aussi, privée de son aliment, cette image ne pourra que dépérir dans un air raréfié, distinct de l'air de Titus, et qui est le vide progressif de l'Orient. […]

Or – et c'est ici l'astuce profonde de Titus – le premier meurtre servira d'alibi au second : c'est au nom du Père, de Rome, bref d'une légalité mythique, que Titus va condamner Bérénice ; c'est en feignant d'être requis par une fidélité générale au Passé que Titus va justifier son infidélité à Bérénice : le premier meurtre devient vie figée, alibi noble, théâtre. Rome, avec ses lois qui défendent jalousement la pureté de son sang, est une instance toute désignée pour autoriser l'abandon de Bérénice. Pourtant Titus ne parvient même pas à donner à cette instance une apparence héroïque ; il délibère sur une peur, non sur un devoir : Rome n'est pour lui qu'une opinion publique, qui le terrifie ; sans cesse il évoque en tremblant le qu'en-dira-t-on anonyme. La Cour même est une personnalité trop précise pour le menacer vraiment ; il tire sa peur – et par conséquent sa justification – d'une sorte de « on » aussi général que possible. En fait, Rome est un pur fantasme. Rome est silencieuse, lui seul la fait parler, menacer, contraindre ; le fantasme est si bien un rôle dans le protocole de la rupture que parfois, comme ces hystériques qui oublient un instant qu'ils ont un bras paralysé, Titus cesse de craindre ; Rome disparaît, Titus ne sait plus à quoi il joue.

Roland Barthes, Sur Racine, Le Seuil, 1963.

Un troisième personnage indispensable

La scène principale ne saurait être autre que celle où Titus, pour la seule fois de la pièce, dit clairement à Bérénice qu'il la renvoie. Elle est située au quatrième acte, qui est toujours, dans la pratique classique, le lieu du sommet de l'émotion. Elle développe son impact, non seulement, comme il est habituel, dans l'espace dramatique qui suit, mais aussi dans celui qui précède. L'invention s'exerce au rebours du temps et on voit assez bien comment elle a meublé les différents actes de la tragédie. Partant du postulat d'un amour partagé entre Titus et Bérénice, l'acceptation de la reine ne pouvait se situer qu'au cinquième acte. Avant, Titus doit parler, mais son émotion paralyse son discours et au deuxième acte, il ne peut dire à Bérénice ce qu'il était venu lui dire. Un intermédiaire est donc indispensable, et la situation toujours tendue implique que *Bérénice* soit une pièce exceptionnellement riche en intermédiaires de toutes sortes. Celui qui est préposé au transport de la fulgurante information qui sépare les deux amants s'appelle Antiochus. Il est une création de pure littérature et un héros malgré lui de la communication. Sa créature et son développement, qui emplissent nécessairement les actes impairs, montrent comment le projet de simplicité oblige en contrepartie à fouiller la complexité des personnages, Antiochus résulte de l'application à *Bérénice* du schéma d'amours contrariées qu'employait *Andromaque* : il aime

Bérénice, qui n'aime que Titus, lequel n'a d'yeux que pour un idéal de gloire romaine qui sera difficile à préciser mais dont la conséquence la plus sûre est qu'il se détourne de Bérénice. Dans ce schéma inconfortable, Antiochus occupe la place la pire : la dernière, où l'on aime sans être aimé de quiconque. Antiochus est un autre Oreste. Loin d'être, comme on l'a dit, une forme améliorée du confident, Antiochus est indispensable au mouvement de l'intrigue et son personnage doit être développé sur le plan poétique afin d'obtenir l'épaisseur qui lui permettra de figurer aux côtés des deux autres. De fait, il parle, surtout au premier acte, sur un ton d'une extraordinaire hauteur où l'oreille la moins exercée reconnaîtrait un des passages les plus prestigieux de la poésie française. Sa confession difficile, voire dangereuse, il la fait toujours avec la plus parfaite noblesse et les éléments divers en sont rassemblés sans effort apparent dans une paradoxale élégance.

Jacques Scherer, « De l'anti-Néron à l'autre Britannicus », in *Revue du Théâtre national de Strasbourg*, n° 23, avril 1990.

« L'autre Racine »

Je me sens tout à fait libre de traquer dans *Bérénice*, sous le Racine sage de la tradition scolaire, l'autre Racine, celui que tentent les gouffres d'une irréductible duplicité.

Libre donc de reconsidérer quelques tenaces préjugés :

– transparente, une œuvre dont le mot le plus souvent rencontré (16 fois) est le mot « secret », et dans laquelle la récurrence des mots « silence », « mystère », « tromper », « voile », en vient à tisser un réseau de faux-semblants, où chacun, jusqu'à la fin comprise, le sachant parfois, mais pas toujours, utiliserait le langage pour masquer, sinon dérober sa pensée à l'autre et à lui-même ? 1 506 vers, 600 en forme de question : c'est assez dire ici l'espace du trouble et de l'irrésolution ;

– renoncée, une action dont l'implacable progression conduit d'acte en acte Bérénice, de l'ignorance de sa situation au libre choix de son dépassement, en passant par toutes les étapes de l'incrédulité, de la fuite en avant, de la supplique, du refus, de la révolte, et par vengeance, du chantage à la mort ? Racine, « musicien », ne saurait faire oublier Racine « constructeur ». « Ma pièce est finie ; il me reste à l'écrire », lui arrivait-il de déclarer. On mesure, à la complexité des structures narratives de *Bérénice* – le jeu des temps multiples et de l'espace unique, l'usage maïeutique des confidents, la fonction des récits, l'invention si neuve, si singulière, du personnage d'Antiochus –, la pertinence de ce qui, ailleurs, pourrait n'être que simple boutade ;

– absente, l'Histoire, quand on sait combien la question du Moyen-Orient a obsédé l'Empire romain de César à Hadrien, et comment elle explique « les nationalismes » contraires du Romain Paulin, de Rutile son séide, du Syrien Arsace et de Phénice la Juive ? Simplement, à la différence de *Tite et Bérénice*, l'œuvre parallèle de Corneille – on connaît l'anecdote de la double commande par la princesse Henriette d'Angleterre –, la politique ici, sauf il est vrai pour Paulin, n'est pas au centre, mais à l'entour, et Titus prétend la mettre à son service, quand, chez Corneille, moins naïvement peut-être, il est conduit par elle ;

– élégiaque, une œuvre dont les protagonistes « sonnent » plus vrai lorsqu'ils s'invectivent et se déchirent que lorsqu'ils se déclarent leur amour ? S'aiment-ils encore ? Ou prennent-ils déjà la pose pour la postérité ? La construction de la légende, le passage au mythe, ne seraient-ils pas pour Titus et Bérénice l'ultime façon de sortir de l'Histoire en la sublimant ? Les exemples ne manquent pas dans le siècle où nous sommes. Comment ne pas songer ici à la saga des Perón et des Kennedy ?

– subalterne, simple confident, Antiochus, quand il est l'amant original, « légitime » de Bérénice, le double en quelque sorte inversé de Titus, celui sans qui le couple perdrait tout ensemble son recours et son reflet ?

Jacques Lassalle, « Monstres innocents »,
in *Revue du Théâtre national de Strasbourg*, n° 23, avril 1990.

L'Empire romain en Asie Mineure

Lexique du vocabulaire de Racine

Alarmes
Dangers (v. 388) et angoisses qui en résultent (v. 151, 479, 1391, 1484).

Amant
Personne qui aime et qui est aimée (v. 13, 30, 57, 262, 396, 435, 741).

Charmant
Qui exerce un attrait mystérieux et irrésistible, résultant d'une sorte de pouvoir magique, terme galant (v. 236, 317, 373, 706, 717).

Charmes
Attraits mystérieux et irrésistibles (v. 439, 803, 995, 1347).

Ciel
(v. 100, 215, 267, 591, 755, 771, 850, 870, 1036, 1184-1185, 1256, 1327, 1463).

Cruel
Qui provoque la souffrance et le malheur (v. 229, 274, 471, 499, 519, 548, 834, 875, 1081, 1094, 1112, 1280, 1290, 1302, 1315, 1338, 1359). Pris comme nom, le cruel désigne l'indifférent à l'amour qu'on lui porte (v. 947, 1062, 1071, 1103, 1350).

Désordre
Désarroi moral qui se manifeste généralement par des signes extérieurs (v. 648, 967, 1268).

Devoir
(v. 167, 551, 997, 1020, 1050, 1053, 1277, 1365).

Ennui
Tourment insupportable (v. 234, 599).

Fatal
Fixé par le destin et qui entraîne souvent la mort (v. 42, 845, 937, 1441).

Flamme
Passion amoureuse (v. 726, 728, 1095).

Fortune
Destinée, heureuse ou malheureuse (v. 87, 136, 679, 720, 808, 1280, 1284).

Flatter
Flatter et tromper (v. 41, 245, 291, 717, 801, 889, 983).

Funeste
Qui entraîne désastre et mort (v. 131, 227, 532, 626, 747, 958, 1298, 1422, 1491).

Fureur
Déchaînement(s) d'une passion qui peut arriver à la folie (v. 218, 354, 395, 961, 1265).

Généreux
Noble et qui a le sens de l'honneur, terme très employé par les héros cornéliens (v. 12, 897, 1265, 1469, 1498).

Gloire

Réputation illustre née du mérite (v. 102, 187, 251, 392, 491, 499, 521, 544, 688, 1027, 1052, 1210). Sentiment élevé de sa propre valeur, sens très employé par les héros cornéliens (v. 452, 604, 656, 736, 796, 908, 946, 987, 1058, 1096, 1103, 1331, 1394).

Hélas

(v. 40, 216, 336, 532, 610, 616, 623, 626, 631, 809, 903, 918, 1063, 1130, 1153, 1239, 1318, 1423, 1506).

Ingrat

Qui ne paye pas de retour l'amour qu'on lui témoigne (v. 526, 618, 619, 804, 936, 960, 1119, 1176, 1190, 1312, 1354, 1357).

Pleurs

(v. 36, 202, 539, 609, 745, 821, 938, 965, 971, 1033, 1048, 1056-1057, 1060, 1147, 1185, 1264, 1276, 1289, 1302, 1316, 1415, 1419, 1450, 1473).

Soin(s)

Intérêt que l'on porte à la personne aimée (v. 12, 57, 141, 165, 168, 806, 1118, 1462). Sollicitude née de l'amitié (v. 103, 695, 1439). Souci, préoccupation (v. 17, 157, 573, 604, 786, 941, 1280, 1321).

Soupirs

Manifestations de l'amour que l'on porte à quelqu'un, langage galant et précieux (v. 246, 347, 457, 1276, 1341, 1501).

Tourment(s)

Douleur morale violente qui met au supplice (v. 35, 613, 741, 810, 1099, 1407).

Transports

Manifestation extérieure d'une passion de l'âme, et en particulier de l'amour (v. 253, 326, 542, 713, 787, 1341, 1378). Au singulier, v. 1271.

Triste

Funeste, cruel, en parlant des choses (v. 158, 237, 460, 500, 633, 738, 813, 997, 1123, 1204, 1325, 1361, 1387). Voué au malheur, en parlant d'un personnage (v. 197, 472).

Trouble

Bouleversement physique et moral (v. 133, 477, 613, 743, 871, 879, 964, 1047, 1308, 1374, 1474).

Vertu

Valeur morale, née surtout du courage (v. 162, 219, 835, 1237, 1373). Qualités morales (v. 269, 346, 376, 521, 1170, 1487).

Index des thèmes principaux
de *Bérénice*

Compléments notionnels

Action *(nom fém.)*
Enchaînement des événements dans une pièce.

Allégorie *(nom fém.)*
Représentation d'une idée ou d'une abstraction grâce à une métaphore animée. Ex. (v. 197) : « La Judée en pâlit […] »

Alliance de mots
Voir « oxymore ».

Allitération *(nom fém.)*
Répétition d'une sonorité dans plusieurs mots ou expressions qui se suivent. Ex. (v. 231) : « Des flammes, de la faim, des fureurs intestines ».

Anaphore *(nom fém.)*
Répétition significative d'un mot en tête de phrase ou de vers. Ex. (v. 1415 à 1419) :
« Si vos pleurs plus longtemps viennent frapper ma vue, / Si toujours à mourir je vous vois résolue, / S'il faut qu'à tous moments je tremble pour vos jours, / Si vous ne me jurez d'en respecter le cours, / Madame, à d'autres pleurs vous devez vous attendre. »

Antithèse *(nom fém.)*
Opposition de deux mots ou de deux idées. Ex. (v. 773) : « Loin de vous la ravir, on va vous la livrer. »

Apostrophe *(nom fém.)*
Fait de s'adresser directement à une personne, à une entité ou même à un objet inanimé. Ex. (v. 985-986) :
« […] Ô ciel ! que je crains ce combat ! / Grands dieux, sauvez sa gloire et l'honneur de l'État ! »

Asyndète *(nom fém.)* ou **disjonction** *(nom fém.)*
Absence de liaison. Ex. (v. 671) :
« Que diront, avec moi, la cour, Rome, l'Empire ? »

Bienséance *(nom fém.)*
Une des règles du théâtre classique exigeant respect des règles du bon goût, de la politesse, etc., de manière à éviter de choquer.

Chiasme *(nom masc.)*
Inversion de l'ordre des mots dans deux membres de phrase parallèles afin d'obtenir un croisement. Ex. (v. 270) : « Titus vous chérissait, vous admiriez Titus. »

Conjonction *(nom fém.)*
Fait de relier les mots ou groupes de mots par des liaisons. Ex. (v. 1229) : « Elle n'entend ni pleurs, ni conseils, ni raison. »

Contre-rejet *(nom masc.)*
Procédé consistant à faire débuter

une proposition en fin de vers et à la poursuivre dans tout le vers suivant. Ex. (v. 957-958) :
« Phénice ne vient point. Ah ! que cette longueur / D'un présage funeste épouvante mon cœur ! »

Correction *(nom fém.)*
Fait de reprendre ce qu'on vient de dire. Ex. (v. 531-532) :
« [...] Depuis cette journée (Dois-je dire funeste, hélas ! ou fortunée ?) »

Coupe *(nom fém.)*
Arrêt(s), respiration(s) à l'intérieur d'un vers. Dans un alexandrin, la coupe intervient généralement après la sixième syllabe.

Dénouement *(nom masc.)*
Conclusion d'une pièce de théâtre, issue des conflits qui ont été représentés.

Dérivation *(nom fém.)*
Emploi dans une même phrase de deux mots dérivés de la même origine. Ex. (v. 1232) : « On vous nomme, et ce nom la rappelle à la vie. »

Diérèse *(nom fém.)*
Fait de prononcer deux voyelles consécutives en deux syllabes distinctes alors qu'on les prononce habituellement en une seule. Ex. (v. 1144) : « patience » doit être prononcé « pati/ence » pour que le vers compte douze syllabes.

Élégie *(nom fém.)*
Poème exprimant des sentiments mélancoliques, tendres et tristes.

Ellipse *(nom fém.)*
Omission dans une phrase d'un élément sous-entendu qui devrait être présent si l'on se conformait strictement aux règles grammaticales. Ex. (v. 799) : « Et pourquoi nous tromper ? » est une manière elliptique de signifier « Et pourquoi dites-vous nous tromper ? »

Enjambement *(nom masc.)*
Procédé qui consiste à rejeter sur les premières syllabes du vers suivant la fin d'une proposition. (On appelle « rejet » le ou les mots rejetés dans le vers suivant.) Ex. (v. 583-584) :
« Dans vos secrets discours, étais-je intéressée, / Seigneur ? [...] »

Euphémisme *(nom masc.)*
Manière atténuée d'exprimer les choses. Ex. (v. 372) : « Rome ne l'attend point pour son impératrice. » Ce qui signifie que Rome refuse absolument que Bérénice devienne son impératrice.

Galant *(vocabulaire)*
Mots ou expressions conventionnels empruntés aux romans sentimentaux et précieux qui traitent des sentiments amoureux. Ex. (v. 190) : « Reçut le premier trait qui partit de vos yeux. »

Gradation *(nom fém.)*
Procédé consistant à disposer

plusieurs mots (ou groupe de mots) suivant une progression. Ex. (v. 1077-1078) :

« Le peuple, le sénat, tout l'Empire romain, / Tout l'univers [...] »

Hyperbole *(nom fém.)*

Exagération dans les termes employés. Ex. (v. 174) : « Si j'en crois ses serments redoublés mille fois. »

Hypotypose *(nom fém.)*

Tableau très vivant. L'apothéose de Vespasien, à la fin de l'acte I, en est un exemple célèbre.

Interrogation oratoire

Interrogation purement rhétorique qui n'attend pas de réponse. Ex. (v. 645-646) : « Moi, je vivrais Phénice, et je pourrais penser qu'il me néglige, ou bien que j'ai pu l'offenser ? »

Interruption *(nom fém.)*

Suspension, parenthèse. Ex. (v. 179) : « Que dites-vous ? ah ! ciel ! quel adieu ! quel langage ! »

Inversion *(nom fém.)*

Construction dans laquelle on change l'ordre des mots. Ex. (v. 137) : « Je fuis de leurs respects l'inutile longueur. »

Ironie tragique

Procédé par lequel un auteur fait dire ou faire à des personnages des mots ou des actions qui auront un résultat contraire à celui qu'ils espèrent.

Juxtaposition *(nom fém.)*

Agencement de deux propositions qui n'ont entre elles aucun mot de liaison. Ex. (v. 786) : « Cet hymen est rompu : quel soin peut vous troubler ? »

Litote *(nom fém.)*

Fait de dire moins pour faire entendre plus. Ex. (v. 454) : « Des combats dont mon cœur saignera plus d'un jour », c'est-à-dire, très longtemps.

Lyrisme *(nom masc.)*

Expression vive des émotions et des sentiments personnels.

Métaphore *(nom fém.)*

Image comparant deux termes ou deux idées sans exprimer explicitement la comparaison. Les métaphores sont nombreuses chez Racine. Ex. (v. 1316) : « Tandis que dans les pleurs moi je me noie ? »

Métonymie *(nom fém.)*

Procédé par lequel on exprime une chose par une autre, par exemple l'effet par la cause, le contenant par le contenu, le tout par la partie, etc. Ex. (v. 111) : « Vous portâtes la mort jusque sur leurs murailles. »

Oxymore *(nom masc.)*

Association de mots de sens opposé. Ex. (v. 1297-1298) :
« [...] Quel cours infortuné
À ma funeste vie aviez-vous destiné ? »

Périphrase *(nom fém.)*
Expression plus compliquée pour désigner une chose, une idée, une personne que l'on pourrait désigner (ou nommer) en un seul mot. Ex. (v. 327) : « A-t-on vu de ma part le roi de Comagène ? »

Précieux (vocabulaire)
Mots ou expressions affectés et maniérés. La préciosité est un mouvement littéraire, essentiellement féminin, du XVIIᵉ siècle français. Il se caractérise par un emploi recherché du langage et par le raffinement dans l'étude des sentiments amoureux. Ex. (v. 236), l'emploi de l'adjectif « charmants ».

Règles du théâtre classique
Principes des trois unités, de bienséance et de vraisemblance, que les théoriciens, les auteurs de théâtre de l'époque classique et le public avaient en général adoptés et tenaient pour « normaux ».

Règle des trois unités
Principe du théâtre classique selon lequel une pièce ne doit comporter qu'un seul sujet (unité d'action), doit se dérouler dans un lieu unique (unité de lieu) et ne pas excéder vingt-quatre heures (unité de temps).

Rejet *(nom masc.)*
Voir « enjambement ».

Syllepse (nom fém.)
Emploi d'un même mot avec des sens différents. Ex. (v. 567-568) : « J'entends que vous m'offrez un nouveau diadème, / Et ne puis cependant vous entendre vous-même », où « j'entends » a successivement le sens de « j'apprends » (v. 567) et de « j'entends dire » (v. 568).

Synonymie *(nom fém.)* ou **métabole** *(nom fém.)*
Emploi de plusieurs mots de sens voisin. Ex. (v . 975-976) : « Mais que dis-je, mes pleurs ? si ma perte certaine, / Si ma mort toute prête enfin ne le ramène. »

Vraisemblance *(nom fém.)*
Qualité de ce qui « semble vrai », qui est acceptable comme tel, même si cela n'est pas strictement vrai. Voir « règles du théâtre classique ».

Zeugma *(nom masc.)*
Lien entre deux mots qui, logiquement, ne devraient pas être sur le même plan (souvent, alliance d'un mot abstrait et d'un mot concret). Ex. (v. 1397) : « Me dit qu'après l'éclat et les pas que j'ai faits. »

BIBLIOGRAPHIE

Éditions

• Alain Viala et Jacques Morel, *Racine, théâtre complet*, Bordas, coll. « Classiques Garnier », 1980.

• Georges Forestier, *Racine, Théâtre et Poésie*, coll. « Bibliothèque de la Pléiade », Gallimard, 1999. (Nouvelle édition, après l'édition de 1950, dirigée par Raymond Picard.)

Racine, son œuvre et le genre tragique

• Roland Barthes, *Sur Racine*, Seuil, 1963 (rééd. en coll. « Points Seuil »).

• Charles Bernet, *Le Vocabulaire des tragédies de Jean Racine : analyse statistique,* Champion, 1983.

• Lucien Goldmann, *Le Dieu caché*, NRF, Gallimard, 1959 ; rééd. en coll. « Tel ».

• Marcel Gurwirth, *Jean Racine : un itinéraire poétique*, Klincksieck, 1970.

• Thierry Maulnier, *Racine*, Gallimard, 1947.

• Charles Mauron, *L'Inconscient dans l'œuvre de Racine*, José Corti, 1974.

• Alain Niderst, *Les Tragédies de Racine : diversité et unité*, Nizet, 1975.

• Raymond Picard, *La Carrière de Jean Racine*, Gallimard, 1961.

• Jean-Jacques Roubine, *Lectures de Racine,* A. Colin, coll. « U2 », 1971.

• Jean Rohou, *L'Évolution du tragique racinien,* SEDES, 1991.

• Jacques Scherer, *La Dramaturgie classique en France*, Nizet, 1950.

BIBLIOGRAPHIE

- Jean Starobinski, *L'Œil vivant,* Gallimard, 1961.
- Jacques Truchet, *La Tragédie classique,* PUF, 1975.
- Alain Viala, *Racine, la stratégie du caméléon,* Seghers, 1990.
- Eugène Vinaver, *Racine et la poésie tragique,* Nizet, 1951.

Sur Bérénice

- *Cahiers Renaud-Barrault,* n° 8.
- Eugène Quinche, *Bérénice : L'histoire et l'élégie,* Cahiers indépendants, 1978.
- *Revue du Théâtre national de Strasbourg, Bérénice,* n° 23, avril 1990.
- Jacques Scherer (sous la direction de), *Bérénice / Racine,* SEDES, 1974.

CRÉDIT PHOTO : p. 7 Ph.© Anderson-Giraudon/T • p. 13 Ph.© Roger Viollet/ Coll.Viollet/T • p. 38 Et reprise page 8 : Ph.© Giraudon/T • p. 41 Ph.© Giraudon/T • p. 63 Ph.© Lipnitzki/Roger Viollet/T • p. 71 Ph.© Giraudon/T • p. 74 Ph.© M. Rubine/ /Enguérand/T• p. 91 Ph.© Bernand/T • p. 111 Ph.© Brigitte Enguérand/T • p. 119 Coll.Archives Larbor/T • p. 130 Ph.© Elizabeth Carecchio/T • p. 150 Ph.© Bernand/T • p. 158 Ph.© Elizabeth Carecchio/T • p. 160 Ph.© Bulloz/T • p. 185 Ph.© Bernand/T • p. 205 Ph.© Edimédia/T.

Direction de la collection : Pascale MAGNI.
Direction artistique : Emmanuelle BRAINE-BONNAIRE.
Responsable de fabrication : Jean-Philippe DORE.

Compogravure P P C - Impression MAME n° 02012127 – Depôt legal 1ʳᵉ edition août 1998
Depôt legal février 2002 N de projet 10091838 (IV) 46 (OSB 60°)